江苏省“十四五”时期重点出版物出版专项规划项目

北京市学校德育研究会2023年度重点关注课题“新时代幼儿需要怎样讲道理”（立项编号DYZDIAN2023—030）成果之一

幼儿园劳动教育丛书

刘颖 虞永平 / 主编

游戏化课程中的社群劳动

幼儿园社群服务劳动教育实践

刘志月 徐平 著

江蘇鳳凰教育出版社
Phoenix Education Publishing, Ltd

感谢您使用本书。您在使用时如有建议或发现质量问题，请联系我们。

【内容质量】电话：4008283622

【印装质量】电话：4008283610

图书在版编目（CIP）数据

游戏化课程中的社群劳动：幼儿园社群服务劳动教育实践 / 刘志月，徐平著. -- 南京：江苏凤凰教育出版社，2024. 10. -- (幼儿园劳动教育丛书 / 刘颖，虞永平主编). -- ISBN 978-7-5743-1297-5

Ⅰ. G613.3

中国国家版本馆 CIP 数据核字第 2024WC8560 号

幼儿园劳动教育丛书

书　　名　游戏化课程中的社群劳动——幼儿园社群服务劳动教育实践

作　　者　刘志月　徐　平

出版策划　刘　煜

责任编辑　严小英

出版发行　江苏凤凰教育出版社（南京市湖南路 1 号 A 楼　邮编210009）

苏教网址　http://www.1088.com.cn

照　　排　江苏凤凰制版有限公司

印　　刷　江苏扬中印刷有限公司（电话：0511-88420818）

厂　　址　江苏省扬中市大全路 6 号

开　　本　787 毫米 × 1092 毫米　1/16

印　　张　11.25

插　　页　1

版　　次　2024 年 10 月第 1 版

印　　次　2024 年 10 月第 1 次印刷

书　　号　ISBN 978-7-5743-1297-5

定　　价　48.00 元

网店地址　http://jsfhjycbs.tmall.com

公 众 号　苏教服务（微信号：jsfhjyfw）

邮购电话　025-85406265，025-85400774

盗版举报　025-83658579

序

劳动对人类而言，有着特殊且重要的价值。劳动能够创造财富、创造世界。劳动对个体的发展更有着不可替代的价值。劳动能够让人发现自我、改造自我、确证自我，因此我们说，劳动“使人真正成其为‘人’，根本超越了动物界”①。劳动是人全面发展的重要途径，劳动教育是全面发展教育体系的重要组成部分。在2018年的全国教育大会上，习近平总书记特别强调了劳动教育的重要性，强调要在学生中弘扬劳动精神，教育引导学生崇尚劳动、尊重劳动，懂得劳动最光荣、劳动最崇高、劳动最伟大、劳动最美丽。2020年3月，中共中央、国务院印发了《关于全面加强新时代大中小学劳动教育的意见》，强调了劳动教育是中国特色社会主义教育制度的重要内容，并要将劳动教育纳入人才培养的全过程。

遗憾的是，在过去的一段时间内，有关劳动教育的政策话语和研究热点主要出现在大、中、小学阶段，对幼儿园劳动教育的研究处于相对滞后的状态。然而，我们不能就此忽视劳动以及劳动教育对幼儿发展和学前教育质量提升的意义。

劳动活动是幼儿综合的学习。劳动需要动手。年龄较大的儿童，以对间接经验的学习为主，学习的场所可以是在课堂中，学习的方式能够以听教师讲解为主。而幼儿是在直接感知、实际操作、亲身体验的过程中学习的。让幼儿获得经验，就是让幼儿去做事。幼儿的劳动，就符合这里所说的做事的特点。劳动对幼儿学习的意义直接体现在为幼儿提供了更多做事的机会。

劳动能够促进儿童全面的发展。尽管劳动强调身体的参与，劳动教育强调劳动态度、劳动习惯和劳动情感的涵养，但其价值绝不仅仅局限在身体发展和价值

① 赵敦华，孙熙国．中西哲学的当代研究与马克思主义哲学创新［M］．北京：人民出版社，2011：298.

观的培养上。劳动的过程，是多个领域的经验有机结合的过程，也指向多个领域经验发展的过程。杜威在中国访问演讲时，就曾对南京高等师范学校附属幼稚园养蚕一事深有感触，并以此阐释劳动对学前儿童多领域发展的综合作用。

劳动教育是落实《3—6岁儿童学习与发展指南》（以下有时简称《指南》）精神、提升学前教育质量的重要抓手。劳动教育重在亲身参与和实践，强调幼儿动手能力的发展。开展劳动教育，为幼儿提供了丰富的直接感知、实际操作和亲身体验的学习机会，有利于改变学习方式小学化的倾向。劳动教育关注对儿童劳动素养的培养，促进儿童体、智、德、美和创造力的全面发展，有利于改变当前教育中“扬心抑身”的倾向，能更好地落实《指南》精神。

尽管劳动教育未曾远离我国幼儿园教育实践一线，我们在幼儿园中也总能看到这样那样热火朝天的劳动场景，但有关幼儿园劳动教育的理论与实践还充满着挑战和难题。例如，如何在我们的课程中定位劳动教育？如何处理劳动教育中劳动品质涵养和其他方面发展的关系？怎样合理地处理劳力和劳心的关系？如何为新时代的幼儿园劳动教育注入时代发展的特点？如何提供满足当代幼儿需要的劳动教育？如何不断丰富幼儿劳动教育的内容和形式？如何建构幼儿园劳动教育的资源和环境？如何在劳动活动中有效地回应幼儿，并为幼儿提供充分的机会和挑战？如何协同家庭、社区的力量共同参与到幼儿园劳动教育的实践当中？

基于对幼儿劳动以及幼儿园劳动教育价值的考量，我们和全国有志于从事劳动教育研究的十多所幼儿园一道，从2019年开始，开展了系统的幼儿园劳动教育研究。参与研究的幼儿园来自我国各个地区，有着不同的园情和研究基础。但共同的，是他们研究劳动教育的决心、热情和努力。每一所参与劳动教育实践研究的幼儿园，既整体性地对幼儿园劳动教育进行了探究，又从园所自身的基础条件、幼儿发展的现实需求出发，选择了种植劳动、饲养劳动、工艺劳动、工程劳动、生活自理劳动、社群服务劳动中的一类，进行了深入的实践与研究，以获得更扎实的幼儿园劳动教育研究经验和研究成果。

在这数年时间中，参与幼儿园劳动教育研究的各所幼儿园迎难而上，在实践中重新审视了幼儿园劳动教育的价值，凝练了劳动教育的理念，总结了组织劳动教育活动的策略，梳理了与《指南》对接、符合幼儿身心发展规律的劳动教育目标，建构了与幼儿生活密切相关的劳动教育内容体系，探索了多种多样的劳动教育组织形式，并尝试开展幼儿劳动教育的评价工作。在与实验园所园长、老师们共同研究的过程中，我们见证了完整儿童的发展，见证了老师们教育观念的更新、教育方法的改善、教育能力的提升，见证了《指南》精神的逐渐落地。

江苏凤凰教育出版社策划并出版的这套“幼儿园劳动教育”丛书，是对幼儿园劳动教育理论和实践研究的总结与展示，是对幼儿园劳动教育理念、立场、观点、策略、方式、机制的挖掘和整理。作为国内第一套系统呈现幼儿园劳动教育研究成果的书籍，本套丛书在内容、形式、体例上都还有诸多不尽如人意之处，我们也将在后续的研究中不断完善。此时推出这套丛书，我们希望能够给更多的学前教育同行以启发，让更多的幼儿园深刻地认识到幼儿园劳动教育的价值和实现价值的可能性，让更多的幼儿园参与到幼儿园劳动教育研究的队伍中来，让幼儿园劳动教育研究的成果造福更多的儿童。

虞永平

目录

第一章　幼儿园社群劳动教育概述

第一节　劳动、劳动教育与幼儿园劳动教育　003

一、劳动与劳动教育　004
二、幼儿园劳动教育　007

第二节　幼儿园社群劳动与社群劳动教育　014

一、幼儿园社群劳动的内涵　014
二、幼儿园社群劳动的特点　015
三、幼儿园社群劳动教育的价值　016
四、幼儿园社群劳动教育实施的原则　019

第二章　幼儿园社群劳动课程的目标建构

第一节　幼儿园社群劳动课程目标建构的主要依据　027

一、劳动教育的政策要求与时代内涵　027
二、幼儿的经验与认知水平　029

第二节　幼儿园社群劳动课程的目标设计　030

一、幼儿园社群劳动课程总体目标　030
二、幼儿园社群劳动课程各年龄阶段的具体目标　034

第三章 幼儿园社群劳动课程的架构、内容与特点

第一节 幼儿园社群劳动课程的模型架构 037

一、风车模型 038
二、彩虹模型 043

第二节 幼儿园社群劳动课程内容选择的依据及标准 049

一、以幼儿关键经验和兴趣点为依据的内容选择 049
二、以幼儿能力发展水平为基础的内容设计 051
三、与园所实际相结合的内容依据 053

第三节 幼儿园社群劳动课程的特点 055

一、课程资源的多样性 055
二、课程主题的丰富性 057
三、课程开展的拓展性 062

第四章 幼儿园社群劳动课程的实施与实践

第一节 幼儿园社群劳动课程的实施策略 067

一、通过一日生活，培养幼儿的劳动意识 067
二、通过区域活动，放手让孩子去做力所能及的事 067
三、通过环境创设，为幼儿提供必要的劳动条件 071
四、通过家园配合，共同培养幼儿的劳动意识 073

第二节 班级场景下的社群劳动课程实践 074

一、生活活动环节的社群劳动 074
二、集体活动环节的社群劳动 075
三、游戏活动环节的社群劳动 077
四、区域活动环节的社群劳动 077

第三节 幼儿园场景下的社群劳动课程实践 091

一、对园所环境的探索 091
二、对他人需求的关注 093
三、为教师排忧，服务幼儿园 096

第四节　社区场景下的社群劳动课程实践 109

一、善用社区人力资源 109
二、巧用社区环境资源 110
三、妙用社区文化资源 112

第五章　社群劳动课程中教师的支持策略

第一节　教师在社群劳动课程中的角色 127

一、劳动价值观的引路人 128
二、劳动课程的建构者 129
三、幼儿活动的支持者、合作者 131

第二节　教师在社群劳动课程中的支持策略 134

一、关注幼儿的真实需要 134
二、设计课程支持探索 137
三、创设环境鼓励学习 141
四、提供灵活及时的反馈 145

第六章　社群劳动课程的评价与反思

第一节　社群劳动课程评价的概述 151

一、社群劳动课程评价的途径与方式 152
二、社群劳动课程评价的原则 155
三、课程评价的效益 157

第二节　社群劳动课程的质量评价 159

一、社群劳动课程的质量评价模型 159
二、教师在课程质量评价中的主体性 160
三、幼儿是课程质量评价中的参与者 164
四、家长是课程质量评价中的共建者 165
五、社群成员是课程质量评价中的推动者 166

后　记

第一章

幼儿园社群劳动教育概述

第一节
劳动、劳动教育与幼儿园劳动教育

整个所谓世界历史不外是人通过人的劳动而诞生的过程。劳动乃立身之本，既是人类群体创新并积累财富的过程，也是人类个体自我创造、自我完善的过程。劳动教育则是全面育人体系的重要组成部分，也是培养人的重要途径。重视劳动教育是普遍规律，也是中华民族的优良传统，更是马克思教劳结合思想指导下的社会主义教育的本质特征。2018 年 9 月，习近平总书记在全国教育大会上指出，“我国的教育要培养‘德智体美劳’全面发展的社会主义建设者和接班人”，同时进一步强调，“要在学生中弘扬劳动精神，教育引导学生崇尚劳动、尊重劳动，懂得劳动最光荣、劳动最崇高、劳动最伟大、劳动最美丽的道理，长大后能够辛勤劳动、诚实劳动、创造性劳动”。习总书记的这段重要讲话不仅重申了劳动教育在学生全面教育发展理念中的重要性，更是把劳动教育纳入到党的教育方针中。2020 年 3 月 20 日，中共中央、国务院印发《关于全面加强新时代大中小学劳动教育的意见》（下文有时简称《意见》）。《意见》中对加强新时代劳动教育进行了整体设计，把劳动教育纳入人才培养的全过程，强调劳动教育是中国特色社会主义教育制度的重要内容，并明确提出了构建德智体美劳全面培养的教育体系。

由此可见，新时代的劳动教育被赋予了新的意义，更是引起了各教育阶段的高度重视。学前教育作为国民教育体系中的重要组成部分，应当响应国家号召，加强劳动教育的实施。不同学段的学生身心发展特点不同，在教育目标、教育内容和教育方式等方面应有所区别，因此，幼儿园应当依据该学段儿童的身心发展特点，开展适宜的劳动教育。但关于幼儿园的劳动教育现状如何、如何确立幼儿园劳动教育的目标以及如何实施幼儿园劳动教育等问题，仍需我们进一步探讨。要想解决上述问题，首先有必要厘清什么是“劳动”和“劳动教育”，什么是“幼儿园劳动教育”。

一、劳动与劳动教育

（一）劳动

1. 劳动的词源学分析

我国古代“劳”字的甲骨文写法为，从“二火”、从“衣”，表示烛火下缝缀衣服的辛劳，衣中小点表示缝缀的痕迹。金文写法为，有作从“二火”、从“衣”，“火”上加短横画的；也有作从“二火”、从“心”的，表示心力的操劳。战国文字写法为，省略了“衣”旁，改写作“冖”（秃宝盖）旁，其下方从“力”，表示屋内灯下劳作的意思。篆文继承了战国文字的写法，写法为。而后的隶书、楷书则都继承篆文的写法，最后演变成了今日“劳”字的写法。从“劳”的写法演变可以看出，“劳”字是个会意字。“劳”字的字形发展大致可分为三系：一从“衣”，一从“心”，一从“力”。现代汉字的“劳”便是从“力”一系发展形成的。由此可知，“劳”的本义是费力、劳苦。

“动”的古文字形为，以“辵”（本义表示走走停停）作为偏旁，说明“动”与行走、行动有关，表示起身做事情。“动”字到了汉代，写法演变成了，是形声字，从“力”，音“重”。现简化为“动”，左边的“云”只是一个记号，用于代替声符“重”。“动”是指改变原来位置或脱离静止状态。“动”的本义是行动，为实现一定意图而活动。由“劳”和“动”两个字的本义可以看出，劳动就是人们为实现一定的意图而耗费体力所进行的活动。①

2. 劳动的概念

劳动是什么？《辞海》中对劳动的释义有三点：（1）操作；活动。《庄子·让王》：“春耕种，形足以劳动。”（2）专指体力劳动。如劳动锻炼。（3）客套话。犹劳驾。如《红楼梦》第四十二回：“贾母笑道：劳动了，珍儿让出去好生看茶。”而在《牛津现代高级英汉双解词典》中，“劳动（labour）”则被解释为：体力劳动（work，especially physical work）。从词典对“劳动”的解释中，我们可以得知，劳动与动作有关，是一种身心活动。

关于劳动，比较多的说法是：劳动是人们使用劳动工具以改变自然物质，使之成为符合自己需要的、有目的的活动。马克思曾科学地指出：劳动是物质生产活动，是人以自身的活动来引起、调整和控制人和自然之间的物质变换的过程，是一种自由的、自觉的活动，是现实的人改造客观世界的活动。②需要注意的是，受所处时代环境因素的影响，马克思对劳动概念的界定主要是针对工农业劳动而言，并

① 陈国维. 大学生劳动教育［M］. 北京：高等教育出版社，2020：6.
② 马克思. 资本论：第1卷［M］. 北京：人民出版社，1970：201-202.

非是对一切劳动的概括。恩格斯在《劳动在从猿到人转变过程中的作用》一文中指出，在一定意义上，“劳动创造了人本身”。所谓劳动，是指人们将一定的生产工具作用于劳动对象，从而创造物质财富和精神财富的、有目的的活动。

综上所述，劳动是指在一定的社会关系中，人类使用工具改造自然或者利用脑力劳动，满足自己的物质、精神、文化和创新需要，实现个人发展和社会进步的、有目的的活动。

马克思说：“任何一个民族，如果停止劳动，不用说一年，就是几个星期，也要灭亡。”古猿人之所以能够直立行走，并最终走出森林成为真正意义上的人类，是因为劳动起到了无可替代的作用。正是劳动，使我们的祖先由动物进化成现在的人类。正如恩格斯所指出的：“人是唯一能够通过劳动而摆脱纯粹的动物状态的动物——他的正常状态是和他的意识相适应的，而且是由自己创造出来的。”

人类起源于劳动，也发展于劳动。劳动创造了社会物质财富和精神财富，改造了人类的生存空间。人类的辛勤劳动不仅使物质财富得以积累，而且为精神财富的创造提供了条件。劳动是人类文明进步的源泉，劳动是打开幸福之门的钥匙，通过劳动，人类从盘错交织的大森林走向陆地，从愚昧无知的远古走向现代文明。

劳动不仅创造了社会物质财富和精神财富，而且塑造了劳动者的健康体魄，培育了劳动者的健康心理。一个好逸恶劳的人，没有正常的生活规律，不可能有健康的身体；同样，一个好逸恶劳的人，不管怎样享用别人提供的物质生活，他的内心都是怯懦的。人在辛勤劳动中，即便有苦有累、大汗淋漓，也会周身通泰、心情愉快。

中华民族是以辛勤劳动著称的民族。我们的祖先们在“日出而作、日落而息”的劳动过程中，不仅创造了与当时社会相适应的物质财富，而且创造了诸如“天道酬勤”“君子无逸”之类的道德理念，这些物质财富和道德理念使中华民族得以绵延不断、发展壮大，并为人类社会留下了灿烂无比的文明。

其实，热爱劳动一直是中华民族的传统美德。在国家层面上，我国一直坚持强调劳动教育的重要性，把劳动教育当作实施品德教育的有效途径。

（二）劳动教育

结合相关词典和学者关于劳动教育的阐述，学界对劳动教育内涵的界定主要有三种说法：

第一，将劳动教育视为德育的一部分。《辞海》对劳动教育进行了定义：劳动教育是对学生进行热爱劳动和劳动人民、珍惜劳动成果、树立正确的劳动态度、通过日常生活培养劳动习惯和技能的教育活动。《中国大百科全书》对劳动教育的定义中也强调劳动教育是德育的内容之一，即“劳动教育是使学生树立正确的劳动观点和劳动态度，热爱劳动和劳动人民，养成劳动习惯，珍惜劳动成果的教育，是德育的内容之一”。① 这两个定义都侧重于强调劳动教育的德育属性，将劳动教育视为德育的重要组成部分，认为劳动教育的主要目标是为了培养学生对劳动的正确情感和态度。

第二，将劳动教育纳入智育的范畴。《教师百科辞典》将劳动教育定义为：向受教育者传播现代生产的基本知识和技能，培养他们具有正确的劳动观点、劳动习惯和热爱劳动人民、劳动成果的感情。② 在成有信主编的《教育学原理》一书中也是将劳动教育纳入到智育范围中，认为劳动教育是指培养学生掌握现代生产的基本知识和基本技能的教育。③ 柳海民也认为劳动教育是向学生传授“现代生产劳动知识和生产技能”，注重的是“生产技术知识和技能的掌握”④。从这些定义中不难看出，它们均强调劳动教育的智育属性，更加注重劳动教育中相关知识和技能的掌握与提高，将劳动教育当做发展智力的方式。

第三，将劳动教育视作德育和智育的统一。《教育大辞典》是这样定义劳动教育的：劳动教育就是对学生进行劳动、生产、技术和劳动素养方面的教育。其主要任务是：（1）培养学生正确的劳动观点。使学生懂得劳动、劳动人民创造人类历史，热爱劳动，尊重劳动人民，摒弃轻视体力劳动和工农的思想，懂得体力劳动必须与脑力劳动相结合。（2）培养学生正确的劳动态度。使学生认识劳动是建设社会主义、共产主义的必要条件，是公民的神圣权利和光荣义务。（3）培养学生具有良好的劳动习惯、艰苦奋斗作风，遵守劳动纪律，爱护劳动工具，珍惜劳动果实，抵制不劳而获、奢侈浪费等不良思想倾向。（4）使学生获得工农业生产基本知识和技能。⑤

随着时代的发展，劳动教育的内涵也在不断发生变化，在新的历史时期，学者对劳动教育的定义也出现了新的阐述。檀传宝认为劳动教育是以促进学生形成劳动价值观（即确立正确的劳动观点、积极的劳动态度，热爱劳动和劳动人民等）和养成劳动素养（有一定劳动知识与技能、形成良好的劳动习惯等）为目的的教育活动。⑥ 2020 年 3 月，中共中央、国务院正式印发了《关于全面加强新时代大中小学劳动教育的意见》，文件中对劳动教育基本内涵的解释是：劳动教育是国民教育体系的重要内容，是学生成长的必要途径，具有树德、增智、强体、育美的综合育

---

① 中国大百科全书出版社编辑委员会 . 中国大百科全书・教育学［M/OL］. 北京：中国大百科全书出版社，2021［2023-06-26］.https：//www.zgbk.com/ecph/words?siteID=1&ID=295598&Type=bkzyb&SubID=156526.

② 教师百科辞典编委会 . 教师百科辞典［M］. 北京：社会科学文献出版社，1987：934.

③ 成有信 . 教育学原理［M］. 郑州：河南教育出版社，1993：406.

④ 柳海民 . 教育原理［M］. 长春：东北师范大学出版社，2006：313.

⑤ 顾明远 . 教育大辞典（增订合编本）［M］. 上海：上海教育出版社，1998：934.

⑥ 檀传宝 . 劳动教育的概念理解——如何认识劳动教育概念的基本内涵与基本特征［J］. 中国教育学刊，2019（02）：82-84.

人价值。实施劳动教育重点是在系统的文化知识学习之外，有目的、有计划地组织学生参加日常生活劳动、生产劳动和服务性劳动，让学生动手实践、出力流汗，接受锻炼、磨炼意志，培养学生正确劳动价值观和良好劳动品质。基于《意见》中的内容可进一步知道，劳动教育主要从知识、态度和技能三个方面共同开展，既要通过知识理论及价值观的引导，提升学生的劳动认知，培养学生热爱劳动的好习惯，还需要通过劳动实践，引导学生掌握基本的劳动技能。

劳动教育属于一种高级的社会实践，是了解与服务社会不可缺少的教育活动，是强国富民的大事。正如苏霍姆林斯基所说："劳动以外的教育和没有劳动的教育是不存在、也不可能存在的。"劳动教育是一个动态的、发展的概念，其内涵也在随着时代的发展而不断地丰富、发展和完善。

综上所述，劳动教育可以被定义为：针对在校学生展开的，以劳动观念、劳动习惯、生产技术知识、劳动技能为主要内容的教育活动。其目的是培养学生热爱劳动、尊重劳动者、珍惜劳动成果，并使他们获得基本的生产知识和劳动技能，从而促进其全面发展。

虽然针对幼儿劳动教育没有颁布具体的纲要，但《3—6岁儿童学习与发展指南》中提出了"培养幼儿热爱劳动的情感以及具备一定的生活自理能力""引导幼儿生活自理或参与家务劳动""帮助幼儿了解与自己关系密切的社会服务机构及其工作……懂得尊重工作人员的劳动，珍惜劳动成果"等要求。可见，劳动教育也是幼儿教育的重要内容，它能推动幼儿其他领域的共同发展，达到以劳健体、以劳养德、以劳增智、以劳育美的效果，从而实现幼儿全面和谐的发展。

二、幼儿园劳动教育

（一）幼儿园劳动教育的内涵

幼儿园劳动教育是我国学校劳动教育的重要组成部分，是中小学劳动教育的基础，也是社会劳动教育的起点。《意见》也强调劳动教育要在大、中、小学全教育学段开展与实施，由于幼儿园与中小学相衔接，所以劳动教育是幼儿园整体教育中不可或缺的一部分，必须始终如一地贯穿于幼儿的一日生活中，培养幼儿的劳动意识，帮助幼儿养成良好的劳动习惯和提高生活自理能力。因此，在国家教育政策的指导下，明晰幼儿园劳动教育的时代内涵，切实开展与实施幼儿园劳动教育，培养幼儿正确的劳动观念，帮助其形成热爱劳动的情感态度至关重要。

幼儿园劳动教育有别于中小学的劳动教育，更区别于创造财富的社会劳动。在新时代中国特色社会主义背景下，幼儿园劳动教育具有树德、增智、强体、育美综合育人的教育价值，是培养学前儿童劳动素养的教育，其目的在于通过幼儿的一日生活潜移默化地培养幼儿树立正确的劳动观念和积极的劳动态度，了解基本的劳动知识与技能，形成初步的劳动习惯，养成良好的劳动品质。

霍力岩教授曾指出，幼儿园劳动教育就是支持幼儿有目的地运用体力与智力，在实践过程中亲自动手操作以改造外部世界，进而促进其劳动情感、劳动习惯与劳动技能等方面发展的教育活动。[①]结合前面劳动以及劳动教育的内涵可知，幼儿园劳动教育是指幼儿教师根据幼儿身心发展的特点，有目的、有计划地培养幼儿在亲历实践和动手操作的过程中获得劳动知识、劳动技能、劳动习惯、劳动意识和劳动情感等方面发展的一种教育活动。不同于其他学龄阶段的劳动教育，幼儿园劳动教育更加强调将幼儿的劳动教育与日常生活紧密结合，更注重幼儿在劳动中的情感体验和劳动习惯的养成。幼儿教师通过有意识地为幼儿提供劳动参与的时空和物质条件，将劳动教育渗透在幼儿的一日生活当中，引导幼儿主动参与劳动，锻炼动手能力，感受劳动的美好，在劳动中获得丰富的经验和知识，最终实现促进幼儿身心全面协调发展的教育目标。

总体而言，幼儿园劳动教育是一种综合式的、全面化的劳动启蒙教育，其在形式上是跨领域、综合式的，在内容上是生活化、全面化的，在性质上是启蒙式、奠基性的。

（二）幼儿园劳动教育的目标

幼儿期是人生重要的发展阶段，也是培养幼儿形成良好品行的关键时期。《幼儿园工作规程》指出，幼儿园的品德教育应当以情感教育和培养良好的行为习惯为主，注重潜移默化的影响，并贯穿于幼儿生活以及各项活动之中。幼儿园的劳动教育蕴含着丰富的德育价值，教师应以培养幼儿形成正确的劳动价值观和劳动素养为核心目标，引导幼儿在劳动的过程中树立正确的劳动价值观，培养幼儿敢于实践、乐于创新的精神，让幼儿体验劳动带来的快乐与满足，使其在与同伴的讨论、沟通、协商、合作中发展社会性行为，与他人建立良好的关系，养成爱分享、乐于助人、善于合作的良好品质。具体来说，幼儿园劳动教育的目标主要体现在以下三个方面：

1. 情感目标：激发幼儿萌发浓厚的劳动情感

情感目标是新时代幼儿园劳动教育的核心目标，即培养和激发幼儿的劳动情感。《幼儿园工作规程》提出要“萌发幼儿爱劳动的情感”；《幼儿园教育指导纲要（试行）》（以下有时简称《纲要》）也规定向幼儿进行初步的爱劳动的教育，指出“引导幼儿了解自己的亲人以及与自己生活有关的各行各业人们的劳动，培养

---

① 霍力岩．幼儿劳动教育：内涵、原则与路径［J］．福建教育，2018（47）：16-19.

其对劳动者的热爱和对劳动成果的尊重”；《3—6 岁儿童学习与发展指南》同样也提及了“引导幼儿尊重、关心长辈和身边的人，尊重他人劳动及成果”。这些政策文件都强调了对幼儿劳动情感的培养与激发。在情感目标的指引下，幼儿劳动知识的习得和劳动技能的提高也是劳动教育目标中不可或缺的部分。由此可见，认知和技能目标的实现既是情感目标实现的必经之路，也是情感目标实现不可或缺的积累准备。① 可以说，劳动情感是激发幼儿从认知走向实践的重要驱动力量，强烈的劳动情感会激发和强化幼儿产生更多劳动实践的意愿；反过来，丰富的劳动实践又会促进幼儿劳动知识的增长、劳动技能的提高以及劳动习惯的养成。

陈鹤琴先生认为幼儿劳动教育的目的是从小培养他们爱劳动、爱劳动人民的感情，学习初步的劳动知识与技能，养成爱劳动的习惯。陈鹤琴倡导的幼儿劳动情感在狭义上体现为爱劳动、爱劳动人民，在广义上则彰显为幼儿自我照护的强烈意愿与幼儿服务社会的优良品质，如独立、进取、奉献、合作、勇敢等。鉴于幼儿喜好模仿、易受暗示、喜欢称赞的心理发展特点，陈鹤琴主张父母应以身作则，参与劳动，为幼儿营造良好的劳动环境，并遵循积极鼓励、正面引导的基本原则，以有效激发幼儿浓厚的劳动情感。

2. 认知目标：促进幼儿形成正确的劳动认知

劳动是幼儿适应社会并走向独立生活的必要“准备活动”。知是行之始，劳动认知一定程度上会影响着劳动实践，没有正确的劳动认知就难以获得劳动知识和技能，难以养成浓厚的劳动情感，难以培养良好的劳动习惯……幼儿园劳动教育可以促进幼儿形成正确的劳动认知。因此，幼儿园劳动教育的目标中除了含有劳动情感的维度，形成正确的劳动认知也是必不可少的。

让幼儿认识成人的劳动，即引导幼儿树立正确的劳动认知，使幼儿初步感知劳动的意义与价值，形成对劳动内涵的基础性理解与认同，积累劳动知识，塑造劳动观念。陈鹤琴认为幼儿认识成人的劳动主要通过直接体验与间接观察两种方式，并特别重视直接体验的价值，强调“经验是知识之门”“我们要让小孩子去运用双手，睁开眼睛，张开耳朵”，由此提出“凡是儿童自己能够做的，应该让他自己做”的基本原则，其目的在于丰富幼儿的劳动经验，增进幼儿的劳动认知。此外，成人应向幼儿介绍其日常生活中最熟悉、与幼儿生活有直接关系的成人劳动，再逐渐扩大幼儿对成人劳动的认知范围，通过这些幼儿能理解的、对成人劳动的介绍，儿童能初步了解成人劳动在为大家谋幸福和改造自然中的意义。

① 陈琼，柳友荣．高质量幼儿劳动教育的价值追求与实践理路［J］．中国人民大学教育学刊，2021（04）：125-137.

3. 技能目标：培养幼儿掌握基本的劳动技能及养成良好的劳动习惯

儿童要直接参加劳动才能学会劳动，参加劳动越早，劳动教育的效果就越好，同时要注意在劳动中进行教育。[①] 劳动教育是以促进幼儿形成劳动价值观和养成良好的劳动素养为目的的教育活动。其中，劳动情感的激发与劳动认知的树立主要体现了劳动价值观的形成，而良好的劳动技能与习惯的培养则充分彰显了劳动素养的内涵。对幼儿进行劳动教育，培养幼儿的劳动习惯和技能，不仅是“生活”使其然，而且与幼儿体力、智力、道德和美感发展之间有着不可分割的联系。

（三）幼儿园劳动教育的价值

我们经常说中华民族是一个勤于劳动、善于创造的民族。热爱劳动是中华民族的优秀文化基因，但从目前来看，热爱劳动、尊重劳动的现象还是少见的，在家庭教育和幼儿园的教育中，劳动教育是被淡化的。那么，劳动教育对儿童发展的价值到底是什么？

我们认为：在幼儿园里，孩子实践操作的过程都是通过劳动完成的。离开了劳动，孩子就失去了成长的机会，孩子们就是在劳动中尝试、在劳动中体验、在劳动中思考、在劳动中探究、在劳动中成长的。儿童的学习都是在劳动中获得的，没有劳动就没有学习。

谈起劳动，大家就会自然地想到体力劳动，其实劳动是身体和精神的有效统一，劳动是孩子全身心的活动，也只有让孩子感受到劳动的乐趣，他们才会体验到快乐和满足。劳动教育不是孤立存在的，劳动教育能培养孩子复合型的能力，在劳动中，孩子的德、智、体、美、劳各项能力能够真正获得最好的发展。劳动不仅能够培养孩子的坚韧、勇于克服困难的品质，促进同伴合作，增强集体意识，还能够让孩子的思维能力、创造力水平等得到更好的发展。所以劳动教育一定是在劳动中进行的教育。孩子们能够在劳动中明白劳动最光荣、劳动最美丽、劳动最幸福的道理，如果能够让孩子从心底里爱劳动、乐于劳动，那才是劳动传递给孩子的真正意义。

劳动精神的习得是一个长期的心理认知过程，是一个通过思维认知和行为实践不断内化、从外部输入到逐渐认同的心理过程，这个过程需要一个相对稳定的教育环境的支撑，学校和家庭便是相对稳定的劳动教育环境。学校是专门的教育机构，要在落实劳动教育目标和内容的具体策略上下功夫，同时发挥对家庭教育的引领、宣传和指导作用，推进家园共育。我们认为劳动教育需要具备的几个条件：有劳动的情境、有真实的内容、有劳动过程中的问题追问、有实践参与中探索解决问题的过程和对劳动成果的向往。

---

① 顾明远 . 高度重视学校劳动教育的育人功能和组织［N］. 中国教育报，2019-05-04（02）.

对于教师来说，给孩子上好劳动课程不是那么简单的事情。教师要在一日活动中时刻保持劳动教育意识，正确评估儿童的劳动能力，不让孩子做超出能力范围的劳动，不超高、不越线、不刻意、不追新，而是在生活的琐事、小事中践行劳动教育。更重要的是，教师要从心底里爱劳动、乐于体验和探究，对劳动抱有极大的热情，乐此不疲地享受劳动的过程，这需要教师身体力行，共同参与劳动服务，体会劳动的意义和价值，感受劳动的美好。

（四）幼儿园劳动教育目前存在的问题

1. 劳动教育认识狭隘化

虽然我们一直强调劳动教育对于幼儿身心发展的重要性，但幼儿教师们对劳动教育的认识仍存在偏差。有的幼儿教师将劳动教育等同于训练劳动技能，组织幼儿进行体力劳动，让幼儿在幼儿园内做一些力所能及的杂活；有的幼儿教师将劳动教育理解为单纯的手工学习，让孩子们做做手工；还有的幼儿教师将劳动作为对不遵守纪律孩子的惩罚手段，这种行为异化了劳动的价值。同时，也有部分教师窄化了幼儿园劳动教育的内涵，认为种植饲养、手工劳动以及为群体服务等劳动没有开展的必要。这些对劳动教育的认识偏差会导致在内容选择上呈现出单一化和简单化的趋势，教师们会更多地倾向于选择动手操作类的体力劳动，而忽视了脑力劳动等不同的劳动类型。观念是行动的先导，因此，对劳动教育认知的不足将严重制约其实施效果，不利于劳动教育在促进幼儿身心发展中所能发挥的积极作用。

2. 劳动教育内容简单化

当前，大多数幼儿园实施的劳动教育内容都较为浅显，主要涉及自我服务类的劳动，而对于种植饲养、手工制作以及为群体服务的劳动则涉及较少。即便有所涉及，也往往流于表面。例如，种植饲养活动只停留在让幼儿观赏动植物层面，而没有给幼儿进一步提供亲自栽种植物、饲养小动物的劳动机会；手工劳动的范围也局限在画画、剪纸、搭积木等简单的手工操作层面，而更为复杂一点的工艺劳动和工程劳动则鲜少涉及；至于为群体服务的劳动，通常仅限于餐前餐后的餐具分发与整理，缺乏更多样化的集体服务机会。在提供服务他人、服务群体的劳动内容方面，大多数幼儿园显得较为欠缺，没有充分考虑到除了自理劳动之外的社群劳动等其他劳动形式对幼儿发展的价值，从而导致教育内容选择上的简单化和表面化。幼儿园劳动教育的宗旨绝不只是围绕幼儿生存技能的训练，而是致力于促进幼儿全面发展的教育活动。因此，劳动教育内容的丰富性与深度对于实现劳动教育的真正价值至关重要，在倡导幼儿进行自我服务的同时，更要引导幼儿参与为他人服务、种植饲养、手工制作、社区服务等多元化的劳动形式，以全面促进幼儿的身心发展。

3. 劳动教育实施分离化

劳动教育实施分离化指的是幼儿园将劳动教育单独分离出来，以单项或专门性的劳动活动来实施，与其他四育彼此独立。在新时代教育改革的背景下，德智体美劳“五育并举”的教育理念旨在五位一体地协同促进人的全面发展，是我国教育高质量发展的重要举措，也是全面培养人的必由之路。由此可见，五育之间并不是独立、割裂的，而是有机整合的，需要协同前进，相互融合，共同发挥出各自的优势。然而，受过去应试教育下“重智育”的教育观念以及教育内卷的影响，教师在劳动教育实践中，缺乏与其他领域教育融会贯通的理念，将教育的重心放在“智育”方面，导致五育分裂，难以发挥出劳动教育的最大效用。很明显，这种分离式的劳动教育忽略了幼儿发展的整体性，与当前幼儿园提倡的课程融合理念相违背，也在一定程度上限制了幼儿的综合发展。我们提倡的幼儿园劳动教育应当是同幼儿的一日生活相结合，与其他四育协同相融、迸发前进的，这样才能将劳动教育的价值最大化。

4. 劳动教育体验浅表化

劳动教育体验浅表化主要表现为两个方面：“去身化”和“形式化”。所谓“去身化”，是指幼儿身体脱离真实的劳动场景，劳动教育体现在“脖颈”以上，忽视“脖颈”以下身体的存在。[①] 囿于幼儿园场地狭窄、教师的片面认识等因素，劳动教育局限在室内，以“授课”的方式开展，而较少组织幼儿园外及室外的劳动实践活动、公益活动等。劳动教育变成了“说教教育”，幼儿丧失了劳动实践的机会，其身体被束缚在一张小小的板凳上，教师向幼儿的头脑传授着知识性的劳动教育内容，最终导致幼儿不知道劳动是什么，更不知道劳动时的感受是什么，劳动只是老师的口头语言。陶行知的生活教育理论指出，幼儿的成长来源于现实生活，教育也应当来源于生活并回归到生活中。幼儿园的劳动教育不是单纯地教授劳动知识，而是要让幼儿回归到真实的生活场景中去劳动，在实践中感知劳动，形成热爱劳动的积极态度。

“形式化”则指的是以劳动的名义进行“虚假”劳动，注重劳动的外在形式，为劳动而劳动，忽略了教育性，导致出现“有劳无教”的现象。缺失教育性的“形式化”劳动无法让幼儿真正体验到劳动的创造性，也无法让幼儿实现自我价值，进而难以使其形成热爱劳动、尊重劳动成果的价值观念。“形式化”的劳动容易导致幼儿对劳动的认知趋于浅显化，将劳动简单理解为完成一些动作或者是一种娱乐活动，而体会不到劳动的意义。这样的劳动教育表面看似让幼儿参与了劳动，却无法让幼儿感受到劳动的真正内涵。

5. 劳动教育评价功利化

劳动教育评价功利化是指教师更加关注幼儿参与劳动后的成果，注重追求让幼

---

① 徐海娇．劳动教育的价值危机及其出路探析［J］．国家教育行政学院学报，2018（10）：22-28.

儿掌握较强的劳动技能，而忽视了幼儿自身的需求，忽略了对幼儿热爱劳动情感的培养。教师对劳动教育的评价，更关注的是幼儿是否完成了劳动任务，是否产生劳动成果，最后盲目地以最终的劳动成果决定好坏，却忽视了幼儿在劳动过程中的具体成长，比如是否坚持劳动、是否与人合作等。这种功利化的评价方式不仅不利于幼儿正确劳动价值观的形成，也难以促进幼儿内在的发展。新时代下的幼儿劳动教育应当是促进幼儿自由、自主地全面发展，而不只是局限于是否掌握劳动技能，否则会不利于幼儿劳动价值观的培养。因此，作为教师，在进行劳动教育的评价时不能过于功利化，否则将有违新时代劳动教育的价值意蕴。

除了上述问题，幼儿园劳动教育的开展还面临着一些其他的现实困境。首先，幼儿园劳动教育体系与保障机制不完善，这将直接影响到教师对劳动教育的看法和劳动教育的顺利实施。其次，尽管劳动教育对场地等硬件要求较小，但如果劳动范围不大或场地有限，这些硬件因素依旧会影响教育效果。此外，劳动教育支持条件不足也会影响到幼儿园劳动教育的实施，最常见的就是一些想要实施劳动教育的幼儿园由于没有相应的实施能力，最终不得不取消部分劳动教育相关的活动。

不管是劳动教育体系目前存在的问题，还是实施劳动教育面临的现实困境，都表明幼儿园劳动教育的实施还有很大的进步空间，需要我们不断去反思、总结，最后攻克这些难题。

第二节
幼儿园社群劳动与社群劳动教育

劳动教育是国民教育体系中的重要内容，也是幼儿成长的必经途径，在实施劳动教育的过程中，有目的、有计划地组织幼儿参加日常生活劳动、服务性劳动，让幼儿亲自动手实践，可以培养幼儿形成正确的劳动价值观和劳动品质。

社群劳动作为幼儿园劳动活动的一种形式，对于培养幼儿的劳动价值观与劳动品质具有非常重要的意义。因此，我们应当以幼儿为本，结合幼儿一日生活，充分利用幼儿园的教育资源，广泛地开展幼儿园的社群劳动教育。

一、幼儿园社群劳动的内涵

社群劳动，也就是社群服务劳动，简单地说，就是一种为社群提供服务的劳动。南京师范大学虞永平教授曾指出："幼儿的劳动主要是幼儿通过身体或体力活动，达到服务自己和他人的目的，本质上是幼儿主动与周围世界相互作用的过程。通过与人、物和自然的主动互动，幼儿开展了自理劳动、服务社群劳动、工艺劳动、工程劳动、种植劳动、饲养劳动等多样的劳动活动。"①

可见，社群劳动是众多劳动形式的一种，它与自理劳动这种服务自我的劳动相对，是一种指向与幼儿相关的他人及群体的劳动。社群劳动是在自我服务劳动的基础之上，随着幼儿社会交往能力的提高和行动范围的扩大，逐步开展服务他人及群体的劳动，这对于幼儿进入社会后的生存与发展具有重要意义。社群劳动实现了幼儿既能服务于社群、又能从社群中受益这一双赢价值。

---

① 桑莹莹 . 幼儿园劳动教育的"三阶赋能"［J］. 今日教育（幼教金刊），2022（05）：14-17.

在国际上，许多国家的儿童劳动教育也非常重视对社群的服务。比如，美国法律规定了6—18岁的学生应做的家务和社会劳动；德国法律规定了6岁以上的学生必须参与家庭劳动和社会劳动；日本、新加坡从20世纪80年代就制定了规章制度，要求中小学生必须参加社会清洁运动。这些规定都有一个共同点，就是重视为社会服务、为他人服务。我们是社会主义国家，我们要培养的人才是社会主义事业的建设者与接班人，理所应当更加重视对儿童服务意识的培养。

二、幼儿园社群劳动的特点

与成人劳动相比，幼儿劳动呈现出明显的整体性、游戏性、生活化的特点，除幼儿劳动的一般性特点之外，幼儿社群劳动还具有利他性、集体性的特有特征。

所谓整体性，是指幼儿处在身心发展的整体性时期，其认识事物、获取经验的过程都具有整体性，主要表现在幼儿劳动时需要调动认知、情感、身体运动、审美等多方面的经验。因此幼儿园劳动教育要遵循幼儿整体性的学习特点，避免就劳动说劳动，在开展劳动教育时自然结合多方面经验。劳动教育目标指向多领域内容，劳动形式灵活多样，劳动评价关注劳动态度、习惯、能力，真正指向全人教育的完整发展。幼儿劳动教育是全面发展教育不可或缺的组成部分，能够促进五大领域教育的发展以及它们之间的融合渗透，是整体性教育的充分体现。①

所谓游戏性，就是幼儿的劳动应当是有趣的。兴趣和需求直接影响幼儿的行动，幼儿往往会以最大的热情积极主动探索他们感兴趣的事物。幼儿的学习、生活都是游戏化的，幼儿的劳动也同样如此，幼儿在喜爱的劳动中会表现出自由、自主、愉悦和创造的状态，这正是游戏的精神和态度。儿童的劳动具有自发性、随意性及非功利性，不受固定的目的影响。幼儿期，特别是幼儿早期，劳动行为和游戏融合为一体。劳动行为的产生是因好奇想尝试，率性而起，随性而停。要让幼儿真正主动参与劳动、爱上劳动，幼儿的兴趣和需求必须得到足够的尊重和满足。

所谓生活化，就是幼儿的劳动与幼儿的生活是密切相关、不可分离的。成人劳动可以和日常生活相分离，但幼儿的认知和学习特点决定着劳动教育与幼儿的生活密不可分，且关联越大、距离越近，越能激发幼儿的兴趣，幼儿的学习成果也越大。罗崇敏博士认为劳动教育是生命教育永葆生命力的关键，劳动教育是生存教育的重要载体，劳动教育本质上就是生活教育。幼儿期的劳动和幼儿的真实生活融为一体，表现出与生活无界限的状态。劳动内容、行为和幼儿本身的真实生活密不可分，如自我服务劳动，就是生活的再现。幼儿的劳动内容、劳动行为常常是模仿生

① 霍力岩．幼儿劳动教育：内涵、原则与路径［J］．福建教育，2018（47）：16-19.

活中所见的他人行为，因此幼儿真实的生活场所就是幼儿的劳动场，幼儿一日生活的各个环节就是劳动内容，幼儿劳动教育源自生活、通过生活、回到生活。

所谓利他性，指的是给予他人方便和利益而不求回报。与自我服务劳动不同，社群劳动具有明显的利他性，这种为他人服务的劳动更具有品德养成的意义，可以培养幼儿对他人的关心和为集体服务的义务感和责任感，能够使幼儿体验到通过自己的劳动帮助他人的快乐，从而爱上劳动。利他性体现在以下几方面：首先，培养责任感和义务感。社群劳动教育使幼儿意识到自己对家庭、班级、社会和国家负有责任，有义务完成自己的任务，并对自己的行为负责。这有助于幼儿形成良好的责任感和义务感。其次，增强合作和团队精神。社群劳动教育通常是以小组或团队的形式进行，需要幼儿相互协作，共同完成任务。这种经历有助于培养幼儿的合作精神和团队精神，让他们理解彼此之间的相互依赖和相互支持。此外，促进社会服务。社群劳动教育不仅仅局限于个人的家务劳动，还可以扩展到社区服务。通过参与社区清洁、绿化、帮助老年人等活动，幼儿可以理解社会服务的重要性，培养社会责任感。最后，弘扬劳动精神。社群劳动教育可以弘扬劳动精神，鼓励幼儿崇尚劳动、热爱劳动。通过参与劳动，幼儿可以理解到劳动的价值和意义，体验到劳动的快乐和成就感，从而培养出劳动精神。

所谓集体性，则指的是幼儿社群劳动是一种在集体中开展、为集体而开展、通过集体来开展的劳动，强调团队合作和互相协作。通过集体劳动，幼儿也可以学会分工协作、组织协调等管理能力，为他们未来的成长和发展打下良好的基础，这种劳动形式可以促进幼儿的团队合作并提高其交流能力，增强他们的集体荣誉感和归属感。集体劳动还可以让幼儿学习到如何在集体中发挥自己的优势和才能，从而增强自信心和自我价值感。从幼儿社群劳动的定义来看，它与幼儿自理劳动这种服务自我的劳动相对，是指向与幼儿相关的他人及社群的劳动，从自我服务转向为他人、为集体、为社区服务的劳动，因此社群劳动强调以集体生活为背景，劳动内容和劳动成果最终都指向服务集体。

幼儿园劳动教育的展开必须以幼儿的劳动特点为基点，贯彻以儿童为中心的课程观和教育观，开展适宜的劳动教育。幼儿的学习是以直接经验为基础，在游戏和日常生活中进行的。教育应遵循幼儿的发展规律和学习特点，珍视幼儿生活和游戏的独特价值。课程生活化与游戏化就是让幼儿园课程更贴近生活，更生动一点，更有趣一点，活动形式更多样化一点。因此，在构建社群游戏课程时，我们应当将生活、游戏与劳动有机融合，探寻适宜的课程内容。

三、幼儿园社群劳动教育的价值

幼儿园劳动教育是实现幼儿全面发展的重要环节。新时代下，幼儿劳动教育的价值意蕴不断被重新赋予，而幼儿社群劳动作为幼儿劳动教育的主要途径，体现了以下几个方面的价值意蕴。

（一）有助于幼儿身体健康发育

社群劳动教育在促进幼儿身体发育方面具有重要作用。通过参与各种劳动活动，幼儿能够得到身体锻炼的机会，从而促进身体健康发展。首先，社群劳动教育能够增强幼儿的身体素质。幼儿在社群劳动中需要动手操作，活动身体各个部位，这有助于提高他们的肌肉力量和协调性。通过持续的劳动活动，幼儿的体质和体能可以得到显著提升，从而提高对外界环境的适应能力。其次，社群劳动教育能够增强幼儿的身体感知能力。在劳动中，幼儿可以亲身感受不同工具和物品的用途和特点，通过触摸、搬运、操作等过程，感受物体的形状、大小、质量等物理属性。这些亲身感受能够加深孩子们对物体和自己身体的认知，促进身体感知能力的发展。最后，社群劳动教育还可以提高幼儿的空间感和手眼协调能力。在劳动中，幼儿需要判断物体的位置、方向和距离，从而培养他们的空间感。同时，通过劳动实践，幼儿能够提高手眼协调能力和反应速度，这对他们未来的学习和生活都有很大帮助。

（二）有助于培养幼儿服务他人的劳动意识

陈鹤琴先生提出的“活教育”思想中就指出：“要教育儿童知道应该帮助别人，知道为大众服务，具备服务的精神。”他说：“如果我们训练的儿童，熟知各种知识和技能，可是不知服务，不知如何去帮助人，那这种教育可以说全无意义。”陈鹤琴先生认为，人若不知道助人，不知道服务他人，那与禽兽无异；若人人都如此，则民族危矣。可见，培养幼儿形成初步的社会责任感和为他人、为集体服务的精神品质是何等重要！而在现代社会中，随着人们生活条件的改善和家庭结构的改变，越来越多的幼儿在由父母祖辈包办代替的环境中成长，养成了不愿忍受劳动的“脏”和“累”、不尊重他人劳动成果的不良品性，同时长辈的包办代替剥夺了幼儿发展的机会，导致幼儿欠缺一些基本的自理能力，在这种情况下，更遑论服务他人、服务集体的意愿，而社群劳动就是能够有效增强幼儿服务他人劳动意识的一种劳动形式。幼儿园通过开展社群劳动，引导幼儿亲自参与劳动实践，在力所能及的劳动中体验到成就感和愉悦感，体会到助人为乐的满足感，意识到劳动成果的来之不易，从而让幼儿发自内心地真正形成乐于劳动、勤于劳动和尊重劳动的积极态度以及服务他人的劳动意识。

（三）有助于实现幼儿的自我价值

黑格尔认为：“我在所有的人那里直观到，他们就其为自身而言仅仅是这些独立的本质，如同我是一个独立的本质一样；我在他们那里直观到我与别人的自由统一是这样的：这个统一既是通过我而存在的，也是通过别人自己而存在的——我直观到，他们为我，我为他们。”① 因此在黑格尔看来，“我”与“他人”是关系的存在，自我存在的价值需要通过“他人”方可体现。自我价值是儿童发展的动力，是儿童的主观精神的重要方面。幼儿在参与社群劳动的过程中与他人碰撞、沟通、协作，通过创造劳动成果为他人谋福利，可以感受到自我存在对他人的有用性，体验着自我存在的价值，从而获得自我价值的认同。可以说，儿童接受幼儿园社群劳动教育的过程，也是认识世界和改造自我的过程，在这一过程中，幼儿体验着自我的力量，感受着自我的存在，通过劳动的外化显现，获得自我精神的呈现。② 可见，幼儿园社群劳动教育有助于帮助幼儿实现自我价值。

在幼儿园中，幼儿的劳动活动形式可以很丰富，幼儿园劳动教育不但要引导幼儿自己的事情自己做，培养幼儿正确的劳动观与劳动态度，还要培养幼儿乐于助人的好品质。当幼儿通过自己的劳动给他人带来愉悦和便利时，可以让幼儿在这个过程中体验到更多的成就感与价值感。在社群劳动中，大多情况下是需要与人沟通、与人合作的，因此，社群劳动增进了人与人之间的关系，培养了幼儿的集体主义精神，让幼儿逐渐从以自我为中心发展到以他人为中心，从以他人为中心发展到以社会发展为中心，从自我本位到他人本位，到集体本位，再到民族本位。可见，幼儿园社群劳动对于幼儿的发展有着不可替代的价值与意义，让幼儿既感知到自己身体的能动性，锻炼动手实践能力，强化服务他人的劳动意识，又学到基本的服务他人的劳动知识和技能，还能体会到服务集体带来的荣誉感。

（四）有助于促进幼儿的社会性发展

幼儿作为身心发展尚未成熟的社会存在者，其社会认知、社会情感和社会技能仍处于待激发、待发展的状态。在社会生活中，劳动生产不仅生成人与自然界的关系，还形成人与人之间的生产关系，而这种社会关系的形成得益于人在真实劳动场景中的实践。③ 幼儿园社群劳动活动作为一种集体性质的活动，人与人之间的交往是必不可少的，因此社群劳动场域中天然地蕴藏着引导幼儿参与服务群体实践活动的机会，渗透着很多激发幼儿合作意识、分享意识、利他意识的契机，要求幼儿能够在劳动过程中学会沟通合作、处理冲突，有助于帮助幼儿通过社群劳动同他人建立密切的社会关系，促进其社会性的发展，为更好地适应未来的社会生活做好准备。因此，社群劳动在一定程度上可以促进幼儿语言表达能力、人际交往能力、团结协作能力等社会性能力的发展。

---

① 黑格尔．精神现象学：上卷［M］．贺麟，王玖兴，译．北京：商务印书馆，1979：235.

② 赵荣辉．劳动教育：儿童确证自我的媒介［J］．教育学术月刊，2011（10）：6-9.

③ 余露，成云，卢清．新时代幼儿劳动教育：本体价值、现实困境及改进策略［J］．成都师范学院学报，2022，38（07）：79-84.

（五）有助于幼儿良好品德的养成

劳动教育在促进幼儿品德发展方面具有重要作用。通过参与劳动活动，幼儿可以养成勤奋、负责、团结、互助等良好品德，从而为未来的成长打下坚实的基础。首先，社群劳动教育能够培养幼儿的勤奋品质。通过亲身参与劳动，幼儿能够体验到劳动的辛苦和付出，从而更加珍惜他人的劳动成果，懂得勤奋努力的重要性。在劳动中，幼儿也能体验到完成任务的成就感和自豪感，从而培养他们的勤奋品质和自信心。其次，社群劳动教育能够培养幼儿的责任意识。在劳动中，幼儿需要完成一定的任务和承担一定的责任，这让他们明白自己的行为对他人和环境的影响。通过按时完成工作、照顾植物或动物等劳动活动，幼儿能够理解责任的重要性，培养自身的责任意识。此外，社群劳动教育还能够培养幼儿的团队合作意识。在劳动中，幼儿需要与他人合作完成任务，这让他们学会相互配合、互相帮助。通过共同劳动，幼儿能够感受到团队合作的力量，从而培养团结、互助的品质。最后，劳动教育还能够培养幼儿的感恩之心。在劳动中，幼儿能够体验到劳动者的辛勤付出，从而更加尊重他们的工作和劳动成果。同时，通过自己的劳动实践，幼儿能够感受到劳动的价值，从而对自然、家庭和社会充满感恩之心。

四、幼儿园社群劳动教育实施的原则

幼儿的劳动与成人的劳动具有显著差异，具备自身鲜明的特点。幼儿劳动的独特性决定了劳动教育的特殊性，即幼儿劳动教育应遵循整体化、综合化、生活化和游戏化的原则。

（一）整体化

劳动具有整体性[①]，幼儿劳动也不例外。幼儿劳动是在整体性的生活情境中为解决真实问题、满足劳动需要而生发的综合活动。因此，幼儿园的社群劳动教育需要注重整体性，积极进行多领域融合。国家颁布的有关劳动教育的多份文件中都指明了劳动教育与其他诸育的关系，即“以劳树德，以劳增智，以劳强体，以劳育美”，明确了劳动教育以其独特的融通性，有机地渗透在其他四育之中。因此，幼儿园社群劳动教育应当与其他“四育”有机结合起来，在实践中要避免将社群劳动的目标和内容窄化。除此之外，从教育主体和资源上，幼儿园社群劳动教育也应当将园所、家庭、社区，乃至社会的资源有机结合起来，充分发挥园所文化、家庭教育、社区教育、社会教育等方面的协同作用。

---

① 钱津．人类劳动的起源、转化与完善进路——一个关于社会主义的定义［J］．社会科学动态，2019（04）：5-14.

主题活动是幼儿园最常见的一种课程形式，是能够很好地进行多领域融合的教育方式，因此，我们可以将社群劳动教育融合在主题活动中。教师可以发现幼儿的兴趣与需要，即时生成相关的主题活动，让幼儿围绕一个中心任务进行探索。这些主题的内容有可能是某位幼儿的需要，也可能是某个班级的需要，也有可能是幼儿园的需要，还有可能是社区的某种需要，我们都要支持幼儿去积极探索解决问题的办法。

在幼儿园的教育活动中，我们应当善于发现和创造社群劳动的机会。最重要的是，我们要拓展孩子服务的视野，让孩子学会发现身边人的需要，发现班级、园所，乃至社区与社会的需要。这种发现将推进生活化社群劳动活动的开展。比如，孩子们发现社区的快递柜特别脏，于是主动发起了擦洗快递柜的活动，为防止鸟儿再次把便便拉到柜子上，还为快递柜设计和制作了专门的遮挡物；再如，孩子们发现幼儿园门口乱停乱放的共享单车，一方面影响了大家的出行，另一方面也增加了社区叔叔阿姨的工作负担，于是孩子们主动发起了“拯救社区共享单车”的活动，他们通过自己的方式，改善了共享单车的使用与归位问题。

类似的社群服务性劳动在我们的幼儿园还有很多，大多数社群劳动都生成了一系列的主题活动，使得劳动教育成为综合性、整体性的活动，让幼儿在劳动中学会生活，在生活中学会劳动。同时，也有效地促进了幼儿的深入学习，在社群劳动活动中也融合了很多认知技能，比如物品的整理，涉及分类能力、逻辑能力、统筹能力、时间管理能力。更重要的是，社群劳动不仅惠及了他人与社会，也让孩子们获得了乐趣，体验到被尊重、被需要、被认可的感觉，增强了他们的自信心和责任感，从而让他们爱上劳动。

（二）生活化

幼儿的认知和学习特点决定了劳动教育与幼儿的生活相互关联，且关联越密切，就越能引发幼儿的兴趣，他们在劳动过程中的学习也就越有效。现实生活是儿童的兴趣所在，能够有效调动儿童的积极性。杜威认为，儿童的生活是一个很小的空间范围，外界环境对于儿童的吸引力有限，尤其是陌生的情境，儿童们出于恐惧会排斥它，所以陌生的人、事、物很难进入到儿童的生活世界，儿童的生活仅仅是与自己或者家庭或者朋友产生联系，儿童的兴趣点不在于新异的事物，而在于在熟悉的环境里做着自己喜欢的、熟悉的事情。① 日常生活为幼儿劳动教育提供了丰富而鲜活的经验素材，日常生活劳动构成了幼儿劳动教育的重要形态。陈鹤琴认为：“小孩子的知识是由经验得到的。所接触的环境愈广，所得的知识当然愈多。”鉴于日常生活是幼儿最熟悉、最亲近的环境，陈鹤琴赋予了日常生活丰富的劳动教育价值，强调将劳动教育切实融入幼儿的日常生活。

---

① 杜威．民主主义与教育［M］．王承绪，译．北京：人民教育出版社，2001：112.

社群劳动的开展，需要教师有意识地将社群劳动的教育内容渗透在生活中。生活中随处可以挖掘孩子劳动的机会，比如，在组织自由活动时，可以鼓励幼儿合作为植物角的花浇水；可以在班上开展“班级值日生”活动，引导幼儿承担好班级值日生的职责，值日生早上到园后需将自己的姓名牌放到相应职位上，履行自己的劳动职责，玩具管理员负责清洗、整理玩具，餐具管理员负责在餐前分发餐具、餐后打扫卫生，盥洗室管理员负责提醒同伴有序排队喝水、洗手，擦拭洗手台、地面；在餐后散步过程中，若看到地上有垃圾，要鼓励大家主动蹲下身将其捡起来等，都是孩子能够身体力行的劳动机会。在一日生活中巧妙地渗透劳动教育，既可以让幼儿在劳动中获得更多体验，也有助于幼儿主人翁意识的培养。

在开展社群劳动课程的过程中，教师一定要注重家园联合，幼儿园和家庭要携手把幼儿的生活变成劳动的大课堂，利用生活中的点滴小事，给孩子允分的探索、试错的机会，满足孩子的好奇心，让孩子感受到劳动的乐趣和劳动的价值，慢慢地体验到劳动的光荣。例如，每天清早起床，小班的孩子完全可以自己穿衣服、自己叠被子，整理好床上的物品；中、大班的孩子也可以帮助家人择菜、洗菜、分发碗筷、摆放板凳等等。家长可以做一个欣赏者、鼓励者，不要催促孩子、要求孩子、命令孩子，不要急于让孩子达到我们心中所要的标准，家长要尊重孩子的学习速度，这样劳动教育才会有好的效果。

作为教师或家长，既要抓住劳动教育的契机，也要懂得培养幼儿劳动兴趣和劳动习惯的方法。

首先，要做到鼓励孩子自己的事情自己做，这是让孩子体验劳动乐趣、感受劳动价值的基础。比如孩子刚开始学习穿衣服，可能就要经历三个阶段：在家长的帮助下穿衣——在家长的鼓励下自己尝试穿衣——自己独立穿衣。家长根据孩子的能力水平采取循序渐进的方式，当孩子能够胜任才会乐于尝试，也只有自己尝试、体验、操作的过程，才能自己找到穿衣服的方法。成人可以用儿歌法、参与法、激励表扬法、游戏法、示范法等多种方法助力，同时，成人要理解孩子的发展水平，给孩子思考尝试的时间，通过多次反复的游戏性学习，孩子自然就会掌握这些能力。当孩子不断获得这样的认知，对劳动的热情就会越来越高，自我服务的能力也会越来越强。

其次，要做到珍视劳动过程的价值，不以成人心中的结果要求孩子或安排任务。成人对结果的强烈追求或者对劳动的包办代替，都会让本来充满探究乐趣的劳动过程变得乏味，劳动变成为了劳动而劳动的机械行为，变成为了学习某种技能而进行的枯燥训练。

此外，抓住生活中的劳动机会，有的放矢地培养孩子的劳动兴趣和劳动习惯。其实劳动对于孩子来讲其乐无穷，也可以自然习得许多新经验。如帮家人择菜，可以边择菜边交流，幼儿不仅可以学习到择菜的方法，还可以认识蔬菜的名称、营养、食用方法等，亲子感情也在这样的活动中加深，让孩子感受到与家人互相分担的幸福，养成认真、专注做事的态度，而不应该把某件事情作为孩子的工作来完成，作为技能来掌握。

生活充满劳动，劳动伴随生活。将劳动与幼儿的生活相联系，贯穿于幼儿园、家庭和社会，形成“生活劳动大课程观”，让幼儿在真实的生活中，做自己力所能及的事情，做自己感兴趣的事情，做自己能够做的事。在为自己、为他人服务的过程中，成为懂劳动、会劳动、爱劳动的时代新人。

（三）游戏化

对于学前阶段的幼儿来说，要把劳动变成生活中的游戏，在劳动中产生愉悦的情感才会让儿童爱上劳动，并从中习得劳动经验，掌握劳动技能。所以在我们看来，幼儿园的劳动不是简单地让孩子们掌握劳动技能，更不是以有没有做成像样的菜品、有没有把某棵植物照顾得枝繁叶茂开花结果、有没有把小桌子擦得一尘不染等最终结果作为评价课程的依据，而是要看在劳动过程中孩子是否习得了能力、是否感受到了如游戏般的快乐。因此，幼儿园社群劳动教育要凸显游戏性，使幼儿感受到劳动的自由、自主、愉悦和创造的情绪体验。

劳动教育的过程也是对教师正确儿童观的检视。儿童本来就是好动的，儿童只有在操作中才能够学习新的经验，在体验中才能够不断地反思自我，在感知中才能够主动创造。在劳动过程中，儿童通过与教师的有效互动，培养守规则、有毅力、重品德等生活劳动的品质。我们要让孩子们在参与力所能及的劳动中建立劳动意识，感受为他人劳动的快乐，养成劳动习惯，懂得用劳动创造美好生活。我们要避免强加劳动任务的做法，避免严格限制幼儿社群劳动的内容、方法、时间和工具等，更要避免使幼儿产生“劳动即苦役”的错误认识。

丰富的劳动内容，需要站在孩子的视角，确保孩子自然参与劳动的过程，让孩子感受到劳动就是自己游戏的一部分，是自己生活的一部分，劳动可以服务自己，也可以帮助他人，在劳动中能够享受学习的快乐。只要我们敢于放手，尊重儿童的想法，成人能够像“长大了的儿童”一样，带着童心平等地与儿童一起协商，一起游戏，儿童就会给我们意想不到的惊喜。

游戏是幼儿最基本的活动，是幼儿最基本的学习方法，也是幼儿获得发展最基本的途径。幼儿游戏的过程也是他们工作的过程。游戏化是实施幼儿园劳动教育的重要方式，游戏能够使劳动教育过程更加有趣、生动、愉悦，将游戏引入幼儿的劳动教育，能够激发幼儿参与活动的兴趣。

除了日常生活中的游戏外，我们可以将社群劳动融合在区域活动中，结合幼儿的年龄特点、发展特点，与幼儿沟通讨论和创设不同主题的游戏区域。比如，在“娃娃家”区域游戏中，引导幼儿学会承担家务劳动，“妈妈”负责照顾小宝宝，给宝宝洗澡、喂饭、穿脱衣物，“爸爸”负责买菜、做饭，“哥哥姐姐”负责打扫卫生，将“家”里的物品摆放整齐；在建构区鼓励幼儿动手搭建、自由创造，让幼儿在建构游戏中体验劳动的辛苦，收获成功的快乐；在表演区为幼儿提供各种职业的服饰，引导他们在表演活动中创设虚拟劳动情境，感受不同职业的工作特点。例如，我园开展的“咔嚓咔嚓照相馆”活动，就是让幼儿在游戏活动中孵化现实社会生活的雏形，孩子们在区角扮演照相师，为其他同伴提供照相服务，整个过程非常有序，孩子们也很负责、认真。这种角色游戏体验可以帮助幼儿树立为他人服务的劳动意识。

此外，我们还可以将社群劳动融合到户外游戏活动中。比如，在户外活动中，可以为幼儿提供轮胎、凳子，以及纸箱和钻爬的障碍物等器械材料，并给予幼儿一定的自由空间，让幼儿按照自己的想法来设计、摆放。同时在活动结束后，还要让幼儿将自己所用的器械材料整理好，放回器械室。这样既有助于幼儿创造力、想象力的激发，也有助于其热爱劳动、遵守规则等良好品质、习惯的培养。再如，我们幼儿园门前的大草坪是孩子们喜欢玩耍的地方，但草坪逐渐地被破坏了。于是在一次户外游戏活动中，老师抓住时机与孩子们进行了观察讨论，孩子们决定保护草坪，从而开展了清理垃圾、制作警示牌、修剪草坪、争做环保安全员等一系列活动。

可见，以游戏的形式来开展劳动教育能够有效激发幼儿的兴趣，是培养幼儿劳动习惯的前提。因此，在劳动教育中，我们要尽可能让劳动游戏化，根据幼儿劳动的特点将游戏与劳动教育巧妙结合，使其富有趣味性，助力幼儿更热情地参加劳动，以达到事半功倍的效果。

社群劳动教育不同于与幼儿日常生活联系密切的自理劳动，而是强调通过劳动服务他人，更具有教育价值。第一，培养幼儿的同理心和爱心。通过服务他人，幼儿可以体验到帮助他人的快乐和满足感，从而培养他们的同理心和爱心，这有助于幼儿更好地理解他人的感受，更加关心和尊重他人。第二，提高幼儿的情感综合素质。服务他人需要幼儿具备一定的情感能力，如情绪调节、情感表达、人际交往等。通过服务他人，幼儿可以不断地提高这些情感能力，从而促进他们的情感综合素质的提升。第三，培养幼儿的责任感和独立性。服务他人需要幼儿具备一定的责任感和独立性，如完成任务、遵守规则、自我管理等。通过服务他人，幼儿可以逐渐培养这些品质，从而更好地适应生活和学习环境。第四，增强幼儿的社会责任感。通过服务他人，幼儿可以了解到社会的需求和问题，同时也可以学会关注和帮助他人。这种社会责任感不仅有助于幼儿个人的成长和发展，也有助于社会的进步和发展。第五，帮助幼儿建立良好的道德品质。服务他人是一种良好的道德行为，通过服务他人，幼儿可以逐渐形成良好的道德观念和行为习惯，如尊重他人、关爱社区、乐于助人等，这些品质将有助于幼儿在未来成为有责任感的公民。

第二章

幼儿园社群劳动课程的目标建构

第一节
幼儿园社群劳动课程目标建构的主要依据

一、劳动教育的政策要求与时代内涵

劳动是人类特有的活动，是人类区别于动物的本质特征，是人类社会赖以生存和发展的基础。1995 年颁布的《中华人民共和国教育法》第五条明确规定："教育必须为社会主义现代化建设服务，必须与生产劳动相结合，培养德、智、体等方面全面发展的社会主义事业的建设者和接班人。"2015 年，习近平总书记提出"以劳动托起中国梦"。2018 年，习近平总书记在全国教育大会上又进一步提出"要在学生中弘扬劳动精神，教育引导学生崇尚劳动、尊重劳动，懂得劳动最光荣、劳动最崇高、劳动最伟大、劳动最美丽的道理"，再一次强调了劳动教育的重要性。2020 年中共中央、国务院更是颁布了《关于全面加强新时代大中小学劳动教育的意见》的文件，明确中小学、职业院校、普通高等学校开展劳动教育的目标及教学内容与评价制度。该文件的颁布表明劳动教育的发展方向上升到了价值观的新高度，不仅要做劳动教育，做好劳动教育，更要从劳动精神方面引领劳动教育的发展，还要进一步加强劳动教育的评价与反馈，从而更好地系统提升劳动教育的内核。①可见，在当前高度重视劳动精神的新时代背景下，劳动教育不仅是生产劳动，更具有育人、育魂的重要价值。②

《关于全面加强新时代大中小学劳动教育的意见》中关于"全面构建体现时代

① 蔡美辉，刘祎玮. 新时代背景下幼儿园劳动教育的政策变迁、时代内涵及实践路径［J］. 劳动教育评论，2022（02）：137-149.

② 霍力岩. 幼儿劳动教育：内涵、原则与路径［J］. 福建教育，2018（47）：16-19.

特征的劳动教育体系”部分明确提到劳动教育总体目标：通过劳动教育，使学生能够理解和形成马克思主义劳动观，牢固树立劳动最光荣、劳动最崇高、劳动最伟大、劳动最美丽的观念；体会劳动创造美好生活，体认劳动不分贵贱，热爱劳动，尊重普通劳动者，培养勤俭、奋斗、创新、奉献的劳动精神；具备满足生存发展需要的基本劳动能力，形成良好的劳动习惯。这是实施劳动教育的行动纲领。

幼儿园是教育启蒙阶段，亦是培养幼儿劳动精神的初期阶段。在国家劳动教育政策大背景下，幼儿园劳动教育也更加强调劳动教育的育人价值，五育并举的理念深入人心。针对幼儿园阶段，我国学前教育政策文件中虽然没有专门的版块明确说明幼儿园劳动教育的目标和内容，但是大多数文件里都有涉及幼儿园劳动教育相关的要求。比如：《幼儿园工作规程》中明确提出要“萌发幼儿爱祖国、爱家乡、爱集体、爱劳动、爱科学的情感”；《幼儿园教育指导纲要（试行）》中要求“引导幼儿了解自己的亲人以及与自己生活有关的各行各业人们的劳动，培养其对劳动者的热爱和对劳动成果的尊重”；《3—6岁儿童学习与发展指南》在社会领域的教育建议中也提出要“引导幼儿尊重、关心长辈和身边的人，尊重他人劳动及成果”，在具体实施过程中可以“利用生活机会和角色游戏，帮助幼儿了解与自己关系密切的社会服务机构及其工作，如商场、邮局、医院等，体会这些机构给大家提供的便利和服务，懂得尊重工作人员的劳动，珍惜劳动成果”等；在《幼儿园入学准备指导要点》中还将“参与劳动”作为一项重要的发展目标。

中国特色社会主义新时代幼儿园劳动教育政策

年份	文件名称	内容
2001年	《幼儿园教育指导纲要（试行）》	社会领域提出“引导幼儿了解自己的亲人以及与自己生活有关的各行各业人们的劳动，培养其对劳动者的热爱和对劳动成果的尊重”。
2012年	《3—6岁儿童学习与发展指南》	健康领域指出“要引导幼儿能够使用简单的劳动工具”； 社会领域指出“要引导幼儿尊重他人，尊重他人劳动及成果”。
2016年	《幼儿园工作规程》	持续明确爱劳动为五爱教育目标之一，文件中明确提出幼儿园保育和教育的主要目标包括“萌发幼儿爱祖国、爱家乡、爱集体、爱劳动、爱科学的情感”。
2021年	《幼儿园入学准备指导要点》	在入学准备的生活准备要求中，明确提出“参与劳动”的具体目标，强调大班幼儿能主动承担并完成分餐、清洁、整理等班级劳动，并能做一些力所能及的家务劳动。
2022年	《幼儿园保育教育质量评估指南》	在生活照料部分强调引导幼儿养成劳动习惯。

新时代发展背景下，习近平总书记尤其强调劳动对于人的发展的重要价值，是人民一切幸福的源泉。如今我们已进入中国特色社会主义新时代，劳动教育不再局限于服务生产生活，而是更加重视劳动精神的培养。劳动教育的目的不再是为了吃饱饭，而是重在培养劳动素养，劳动教育具有了新的时代内涵。幼儿园作为教育的起点，更应该重视劳动教育，将新时代的劳动新精神融入到教育过程中。因此，幼儿园劳动教育的重要目标必然包括培养幼儿的劳动精神，让劳动精神浸润幼儿心灵，只有从小培养了爱劳动的精神和品质，才能够在今后的学习与生活中愿意劳动、主动劳动、热爱劳动。

二、幼儿的经验与认知水平

现代课程理论的重要奠基者、美国著名教育学家、课程理论专家拉尔夫·泰勒认为学生身心发展的需要是教育目标设置的重要依据。无视或忽视学生的因素来制定课程目标，往往很难达到预期的效果，毕竟课程目标的实现最终又必须作用于“学生”本身。因此，课程目标设置需要考虑到儿童的内在特性，主要包括以下几个方面。

第一，要符合幼儿的身心发展特点。儿童的身心发展具有自身独特的发展规律，如年龄特征、敏感期等。在不同的年龄阶段，儿童已有的能力类别以及能力水平是不同的，儿童能够完成的任务以及完成程度也是不同的。

第二，要考虑儿童已有的经验。儿童已有的经验水平决定着儿童的“最近发展区”，而课程目标只有落在“最近发展区”内，才能最为有效地引导儿童的发展。不同的儿童由于其生活经验、自身能力、家庭背景等的不同，其已有的经验水平也不同。

第三，注重个体差异。幼儿的经验和知觉发展是具有个体性的，即便在同一个环境中进行劳动，幼儿的主体参与程度和感受体验也是完全不同的。因此，教师需了解幼儿已有经验的差异，并以此为基础设计劳动教育活动，尊重个体差异，以促进有差异的个体充分发展为导向。

第二节
幼儿园社群劳动课程的目标设计

一、幼儿园社群劳动课程总体目标

（一）树立正确的劳动价值观

教育部、共青团中央、全国少工委曾于2015年7月20日发布《关于加强中小学劳动教育的意见》，在表述“明确劳动教育的主要目标”时，就开宗明义：“通过劳动教育，提高广大中小学生的劳动素养，促进他们形成良好的劳动习惯和积极的劳动态度，使他们明白‘生活靠劳动创造，人生也靠劳动创造’的道理，培养他们勤奋学习、自觉劳动、勇于创造的精神，为他们终身发展和人生幸福奠定基础。”[①] 中共中央、国务院于2020年3月20日发布《关于全面加强新时代大中小学劳动教育的意见》，将劳动教育纳入人才培养全过程，强调各学段均要开展劳动教育，直指劳动教育的育人价值。同年7月，教育部印发《大中小学劳动教育指导纲要（试行）》。

可见，劳动教育的核心在于培养学习者形成正确的劳动价值观，继而培育出热爱劳动、尊重劳动者、积极投身于社会主义建设事业的合格公民。

社群劳动作为幼儿劳动中的一个重要方面，自然也不例外，树立正确的劳动价值观是社群劳动课程的重要目标之一。具体来说，包括尊重劳动、勤于劳动、热爱劳动等方面。

① 教育部　共青团中央　全国少工委关于加强中小学劳动教育的意见［J］. 中华人民共和国教育部公报，2015（09）：31-33.

1. 尊重劳动

“尊重劳动”是对待劳动的基本态度，落实在幼儿教育上，主要体现在对劳动者的理解与尊重、对劳动资源的珍惜、对劳动过程的享受、对劳动成果的爱惜等。一切劳动，无论是体力劳动还是脑力劳动，都值得被尊重，一切创造，无论是个人创造还是集体创造，都值得被鼓励。

在幼儿园中，无论园长、主班老师、保育老师、食堂工作人员、保洁人员都可以被称呼为“老师”，教师要引导幼儿发现幼儿园中每一位劳动者的劳动成果，意识到每位老师的劳动成果都是宝贵的，无论是主班老师布置的班级环创，还是保育老师切好的水果，又或是食堂工作人员做的包子，以及保洁人员打扫的户外环境，这些都值得我们尊重。教师可以组织幼儿适当地体验不同的劳动角色，向每一位为幼儿园做贡献的辛勤劳动者学习。尊重劳动的反义词是歧视劳动，或表现为歧视普通劳动者。尊重劳动从尊重劳动者开始，普通劳动者永远是组成社会大厦的主体。与此同时，家长要以身作则，引导幼儿尊重劳动者的主体地位，不仅要尊重大国工匠、劳动模范，更要尊重普通劳动者。要理性看待智力劳动与体力劳动、复杂劳动与简单劳动的差别，尊重任何合理合法的劳动，在劳动实践中发展自己、创造财富、收获幸福。

2. 勤于劳动

中国自古有“一勤天下无难事”的说法。勤劳是中国人民的优良品质。改革开放以来，中国的发展速度和取得的发展成就令世人惊叹，中国人的勤奋为世人所称道。勤劳是中国人所传承下来的一种宝贵品质，也是我们全民族所倡导的一种精神和力量。劳动创造了璀璨的物质文明与精神文明，劳动更创造了人类自身。毛泽东主席指出，“社会主义制度的建立给我们开辟了一条到达理想境界的道路，而理想境界的实现还要靠我们的辛勤劳动”①。习近平总书记在党的十九大报告中指出，要“使人人都有通过辛勤劳动实现自身发展的机会”。

与辛勤劳动相对的是好逸恶劳、不劳而获。中央明确提出要“以辛勤劳动为荣，以好逸恶劳为耻”。苏霍姆林斯基认为“怠惰是一种灾难和恶习”②。一屋不扫何以扫天下？劳动教育就是要让孩子们尊重劳动者、珍惜劳动成果，树立辛勤劳动的观念，同时落实到自身的行动上，并能从劳动中体验到快乐。

3. 热爱劳动

意识是人们一切行为的根源和基础，在学前教育阶段落实劳动教育，从源头上讲就是要培养幼儿的劳动意识，引导幼儿热爱劳动。只有激发了幼儿的劳动意识，

---

① 毛泽东 . 毛泽东文集：第 7 卷［M］. 北京：人民出版社，1999：226.

② 苏霍姆林斯基 . 苏霍姆林斯基选集（五卷本）：第 3 卷［M］. 北京：教育科学出版社，2001：819.

才能进一步引导幼儿行动起来，体验劳动、不断练习，才谈得上培养幼儿良好的劳动习惯。可以说，培养幼儿的劳动意识是幼儿劳动教育的第一步。著名教育家陶行知先生的生活教育提出要“教学做合一”，要想培养幼儿热爱劳动的劳动价值观，还需在生活情境中实现教与学、学与做的有机整合和统一，让幼儿在生活体验和劳动体验中感受劳动的意义，通过游戏的方式增强劳动的趣味性，还要善用鼓励，强化幼儿的劳动光荣感和责任感，进而不断培养幼儿热爱劳动的品质。

（二）获得劳动经验，增长劳动技能，养成劳动习惯

陶行知认为：“劳动教育的目的，在谋手脑相长，以增进自立之能力，获得事物之真知，及了解劳动者之甘苦。”可见，劳动教育的目的有三个方面：一是学会一定的劳动技能，增进自立之能力；二是在实践中学习知识，获得事物之“真知”；三是在劳动中体验，了解劳动者之甘苦，培养热爱劳动人民的感情，爱惜劳动成果，懂得幸福生活建基于辛勤劳动之上，也就是习近平总书记所说的“幸福都是来的奋斗出来的”。

儿童教育家陈鹤琴先生说过：“幼儿劳动习惯的形成，有助于培养他们的责任感，自信心以及自己处理问题的能力，对幼儿今后生活也有深远的意义。”要通过社群劳动教育，增强幼儿的生活能力，丰富幼儿的劳动经验，增进幼儿对自然的了解与认识，从而逐步培养幼儿关爱自然、保护环境的思想意识和实践能力。要引导幼儿主动积极地服务社会，增进其对社会的了解与认识，增强其社会实践能力，并培养其社会责任感和义务感。要帮助幼儿逐步学习基本的生活技能和劳动技术，使其具有自我认知能力，形成负责任的生活态度。要帮助幼儿发展主动获得知识和信息的能力，养成对事物的好奇心和主动探究的态度。要促使儿童从小就参加劳动，使劳动成为儿童的习惯。有研究表明：从小热爱劳动的人，成年后的生活比不爱劳动的人更充实、完美，事业也更容易成功。

（三）关注身边的人事物，提高解决问题的能力

社群劳动是服务他人、服务社群的劳动，这个过程就是提高对身边的人、事、物的感知和关注的过程，也是提高解决问题的能力的过程。社群劳动是一种综合性的活动，具有复杂的、丰富的、真实的问题场景，会遇到各式各样独立的人，每个人都有自己的需求和关注点，如何去满足和服务大家，是一件很考验人的事情。幼儿在劳动中会遇到层出不穷的问题，对这些问题的解决方案的探索可以有效促进幼儿综合素质的发展。比如，幼儿在擦玻璃的时候，感觉总擦不干净，探索了各种材料，最后发现用报纸可以将玻璃擦得更干净，这样孩子就在劳动中不断学习和提升，解决问题的能力得到了提高。

社群劳动中的幼儿在问题的驱动下更容易生发解决问题的意愿，当他们积极勇

敢地面对问题时，解决问题的潜力更容易被激发出来，对身边的人、事物的关注能力也会随之提升，同时，通过与同伴、老师的讨论，幼儿解决问题的能力会大大提升。当幼儿来到实际生活中时，就可以将在社群劳动中学到的思维方式、解决方法应用到实际问题上，其独立解决问题时也会更加得心应手。

（四）增强语言表达能力、人际交往能力、团结协作能力

相对于其他课程，社群劳动课程更加侧重于对幼儿语言表达能力和人际交往能力的训练，这也是社群劳动课程独有的目标。因为社群劳动是了解社群需求、为社群解决问题的劳动，而语言作为思维的载体、人与人之间交际的工具，在社群劳动中被使用得更加频繁，更加必不可缺。通过语言交流，幼儿的人际交往能力也在这个过程中得到更多的锻炼。

幼儿园社群劳动活动本身就是一种集体性质的活动，能给幼儿提供参与群体劳动实践活动的机会，蕴含着很多渗透合作意识的契机，要求幼儿能够在日常集体活动中具备分享意识、善于理解他人、主动帮助他人并且善于寻求他人的帮助。劳动教育活动给幼儿提供了参与劳动实践、社会交往的机会，幼儿能够通过劳动建立密切的合作关系，体会助人为乐的感受，同时接受与感恩他人对自己的帮助。这让幼儿在劳动过程中逐步增强了语言表达能力、人际交往能力和团结协作能力。

（五）乐群向上，增强亲社会性和利他属性

“乐群”一词，最早出现在《礼记·正义》中，其含义是群居朋友善者，愿而乐之。简言之，“乐群”就是乐于和谐相处，乐与他人合作，而“乐”是学习的一种最高境界。乐群在性格特征上的主要表现是待人亲和，能主动融入团体或者群体，善于与人合作，对环境适应能力较强，人际关系较为活跃。人先天具有社会属性，社群劳动对幼儿来说是一种乐群性的合作学习，有助于形成温暖和友爱交织、竞赛与协同并存的学习场。

亲社会行为主要是指一切符合社会期望并对他人、群体或社会有益的行为，幼儿的亲社会行为主要指幼儿在社会交往中所表现出的一切有助于社会和谐的情感和行为，具体包括同情、分享、谦让、合作、帮助等[①]。幼儿的亲社会行为是其良好个性品德形成的基础，是幼儿社会性发展和个性形成的重要方面，对幼儿的社会化发展具有重要意义。

利他行为是一种自愿行为，旨在帮助他人不图回报，也是亲社会行为的最高水平。利他行为能够释放自己的正能量，也能表现出自身的美好品质。利他行为是亲社会行为的一种特殊表现形式，是最高水平的亲社会行为。

---

① 张野 . 学前儿童亲社会性的调查研究［J］. 学前教育研究，2006（05）：9-11.

劳动的发展必然促使社会成员更紧密地互相结合起来，因为它使互相帮助和共同协作的场合增多了，并且使每个人都清楚地意识到这种共同协作的好处。① 尤其在社群劳动中，人与人交往的增多，为人的道德发展水平的提高提供了机会。通过劳动，人与人的依赖性和相互关系成为一种完全必然性，并且劳动能使人的利己之心转化为利他之心，因为每个人在为自己取得、生产、享受的同时，也在为其他一切人生产和享受。②

因此，乐群向上，增强亲社会性和利他属性是社群劳动的终极目标和幼儿园社群劳动课程的美好愿景。

二、幼儿园社群劳动课程各年龄阶段的具体目标

在幼儿园社群劳动课程的核心目标的基础上，结合幼儿不同年龄段的身心发展特点、兴趣、需要，我们依据年龄的划分对各年龄阶段的幼儿提出了更细致的目标要求，如下表所示。但课程是行走的，目标也会因人而异，具体要结合实际情况。

幼儿园社群劳动课程各年龄阶段的具体目标

小班	中班	大班
1. 喜欢承担一些劳动小任务; 2. 有独立做事的愿望，对力所能及的劳动感兴趣; 3. 能够认识一些常见的劳动工具，并知道其基本使用方法; 4. 能够完成一些简单的劳动内容，如擦桌子、整理图书等。	1. 掌握简单的劳动技能，尝试用已学会的劳动技能为自己服务、为同伴服务; 2. 喜欢参与劳动，喜欢和他人一起劳动，能体验到劳动的乐趣; 3. 能够珍惜别人的劳动成果，尊重劳动者; 4. 会使用一些简单的劳动工具，如扫把、抹布等; 5. 敢于尝试有一定难度的劳动内容，如摆放碗筷、收拾餐桌、择菜等。	1. 能够积极参与劳动，愿意为他人劳动，并体验到为他人劳动的快乐和成就感; 2. 劳动时能与同伴分工合作，遇到困难能一起克服; 3. 尊重为大家提供服务的人，珍惜他们的劳动成果; 4. 能够认识更多的劳动工具，知道其正确使用方法，并尝试使用更多的劳动工具; 5. 了解各行各业的劳动者及其劳动，能够主动表达对身边劳动者的感谢。

① 中共中央马克思恩格斯列宁斯大林著作编译局 . 马克思恩格斯选集：第 3 卷［M］. 北京：人民出版社，1972：510-511.

② 黑格尔 . 法哲学原理［M］. 范扬，张企泰，译 . 北京：商务印书馆，1961：210.

第三章

幼儿园社群劳动课程的架构、内容与特点

第一节
幼儿园社群劳动课程的模型架构

幼儿社群劳动是亲社会行为的表现，一般亲社会行为可以分为利他行为和助人行为。促进儿童亲社会行为的发展，将有助于儿童更好地适应社会，为幼儿的终身发展奠定扎实的基础。《纲要》中指出，家庭、幼儿园和社会应共同努力，为幼儿创设温暖有爱的家庭和集体生活氛围，建立良好的亲子关系和师生关系，让幼儿在积极健康的人际关系中建立安全感和信任感，发展自信和自尊，在良好的社会环境及文化的熏陶中学会遵守规则，建立基本的认同感和归属感。

幼儿园开展社群劳动教育时，要充分认识到劳动教育的价值，帮助幼儿初步形成“劳动最光荣”的思想意识。开展社群劳动课程的目的是让幼儿在劳动体验中感受劳动的快乐、理解劳动的价值，把劳动教育贯穿于培养幼儿的全过程，重视劳动教育的价值，发挥劳动教育在培育社会主义新时代儿童中的重要作用。

新时代幼儿教育在社群劳动教育中要注重幼儿的体验与感受，做好劳动教育的各项工作，确保实效性。在建构劳动教育体系的过程中，必须以社会主义核心价值观为引领，从课程选择、课程类型、课程资源、课程形式、课程内容、课程互动、课程评价等方面完善劳动教育体系，确保社群劳动育人目标的实现。朱继文园长曾多次指出：“劳动教育不是单纯的体力劳动，而是通过劳动的形式达成育人的目的，获得身心的愉悦体验，激发幼儿的劳动热情，使之乐于劳动、享受劳动。”在社群劳动教育路径实施过程中，必须注重社群劳动教育与教师的育人理念的结合，必须注重幼儿需求与活动落实的结合，必须注重劳动评价与育人过程的结合，必须注重多层次、多种类劳动的结合，完善的社群劳动教育体系有利于促进幼儿德智体美劳全面发展。

课程模型源于对于劳动教育纲领性文件的思考。2020 年 3 月 20 日，中共中央、国务院印发《关于全面加强新时代大中小学劳动教育的意见》。《意见》强调劳动教育是中国特色社会主义教育制度的重要内容，要全面贯彻党的教育方针，坚持立德树人，把劳动教育纳入人才培养全过程，贯通大、中、小学各学段，贯穿家庭、学校、社会各方面。劳动教育是中国特色社会主义教育制度的重要内容，对于培养社会主义合格建设者和可靠接班人具有重要战略意义。

一、风车模型

（一）风车课程模型的由来

风车模型是由丰台一幼 FTYY 课程模型延伸出来的针对社群劳动课程的模型。

FTYY 是丰台一幼的简称，也是我园课程的实施路径。

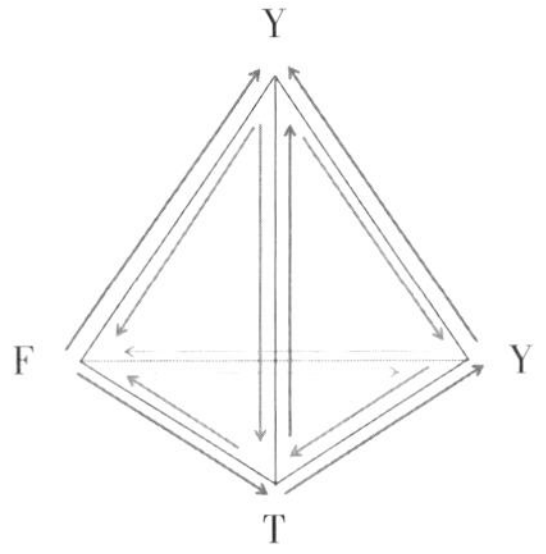

“FTYY”课程的框架图，最顶端的 Y，为“Young”，表示年幼的孩子，也就是我们幼儿园的孩子；F 为“Family”，表示家庭或者家长；T 为“Teacher”，表示教师和园所；底部的 “Y”，为英文“Yard”，有院子、场地、社区之意，在此处内核为社区，外延为社会。

从顶端 Y 处到底部的箭头，表示由幼儿兴趣或者关注点生发的课程，通过与家庭、教师、社会的互动，促进教育者的发展；反之，家庭、幼儿园、社区也会根据孩子的发展水平提供教育资源，以协助者身份促进幼儿成长。在模型底部，“F”和“T”牵手牵心，构建家园关系；“F”和“Y”相互联系，寓意为家庭是社会的组成部分，两者相辅相成；“Y”和“T”相互连接，表示幼儿园服务于社区，社会服务于幼儿园，两者不可分割。FTYY 的连接线体现着课程观，FTYY 任何两个点之间都有互动关系，以课程为途径开展互动，形成课程观。

风车课程模型和 FTYY 课程模型在课程观、儿童观、教育观上是一致的，来源于 FTYY 课程的建构。课程是儿童获取经验的过程。儿童与周围世界相互作用是学习的本质特征，幼儿园课程与现实生活紧密相联，课程的核心是环境、材料和活动的质量，课程的成效取决于儿童的投入和热情。课程具有整体性。幼儿园教育指向完整儿童，那么教育依据的载体——生活——是一个整体，且在教育过程中，各方面的经验都是相互关联的整体，具体表现为不同领域之间的有机结合。课程需要在行动中形成，“做”是课程的核心原则，环境和材料是行动的保证，经验来源于儿童的探究、交往和表现。儿童的兴趣和需要是动态的，现实生活是变化多样的，儿童的特点和水平是各不相同的，因此课程是不断生发的过程，所有人（FTYY）都是课程的贡献者。

风车课程模型遵循中国教育大家张雪门的课程思想，在社群劳动中将教育家的思想融会贯通。张雪门先生提出："课程固由于劳动行为，却需在劳力上劳心。"儿童是生长着的有机体，有自己的独特性和可能性，要珍惜儿童现在所能做的和乐意做的事。儿童是会主动学习的，儿童的学习是在活动中进行的，是与经验联系在一起的。儿童是好动的，他们是用自己的方式探索这个世界。由此可以看出，儿童是有着自身独特的特点和一定的不完备性的，但毋庸置疑，不完备正有其更大的价值。张雪门先生指出，完备不只是被动接受的过程，而是主动学习和发展的过程。张雪门将儿童经验的历程描述为儿童从搜索经验开始，然后构成经验，最后走向改造经验，从而不断获得新的经验，因而逐步获得发展。他认为生活就是教育，五六岁的孩子在幼儿园生活的实践就是行为课程。这份课程也和一般的课程一样包括了工作、游戏、音乐、故事等材料，然而这完全根据生活：它从生活而来，在生活中发展，也在生活中结束，不像一般完全局限于教材的活动。

风车模型遵从全程、全视角、全方位的劳动育人精神。强化统筹包括两个方面：一是在纵向方面以劳动教育突出协同作用，二是在横向方面实现学校、家庭、社会、网络四维一体的育人沟通；而立足实践体现在通过鲜活生动的案例达到协同育人的目的。教育目标是实践的方向，也是一体化德育建设的魂。该模型聚焦爱国情感、理想信念、道德认知、良好习惯四个关键育人目标，推动德育贯穿孩子学习的始终以及生活的各环节，使幼儿园成为化育为人的天地，成为引人向善、向美、向真的场所。劳动教育帮助教师认识到每个人都是独特的、有价值的，拥有着别人所不具备的独一无二的特质，鼓励身边人发现自己和他人的独特长处，并通过各种方式使其表现出来。劳动教育应该渗透在生活中、体现在课程里、浸润在环境中，还应体现在家园共育的过程中。

（二）风车课程模型的组成

常见的风车由四片扇叶和一根棍连接而成。

风车课程模型

每一片扇叶都具有不同的含义：

1. 扇叶 1 代表课程分析，包含目标分析、幼儿经验分析、活动类型分析、资源分析，体现教师在课程开展前的分析与思考。

社群劳动教育的目标以实现劳动价值和全面育人价值为整体目标，劳动活动、环境支持和评价反思都是为了达到这个目标。目标要具备可操作性，便于实施。课程分析是由总体目标细化而来的具体目标，由劳动体验、劳动技能、劳动价值观三维目标组成。

幼儿经验分析要结合本班幼儿的实际发展水平、经验层次，以此来判断活动适宜开展的程度及幼儿发展层次。为了确保劳动教育的全面开展，教师要分析幼儿的个体差异性，不同幼儿在同一方面的能力水平高低不同，这种差异性为设计与实施社群劳动课程提供了依据。

活动类型分析要分析社群劳动教育的类型，可分为照料性劳动、接待性劳动、宣传性劳动、问题解决性劳动，不同的劳动类型有不同的组织形式。

资源分析体现了幼儿、教师、家长、社区等发起者、参与者、协助者对周边资源的增效利用。

2. 扇叶 2 代表课程预设，包含活动选择、活动形式、活动内容计划。活动可以由幼儿、教师、家庭、社区不同方面发起。形式上以幼儿自我服务、同伴服务、集体服务、园内服务、家庭服务、社区服务为主；内容上考虑与社会事实、幼儿兴趣、各方需求、五大领域相融合的劳动，体现内容的丰富性。活动要注重幼儿的主体地位，给予幼儿充足的劳动空间和时间，从而激发幼儿的内驱力，让他们实现自我价值。

3. 扇叶 3 代表课程进程，包含环境支持、感受体验、互动引导。课程以幼儿为主体，注重幼儿感受与经验的建构，是幼儿获得劳动经验的有效载体，教师在课程进程中起支持作用。幼儿的年龄特点与学习方式决定了幼儿是天然的具身学习者。根据皮亚杰的认知发展理论，3—6 岁的幼儿处于前运算阶段，该阶段的幼儿对外界事物的认知依赖于直接的感知，通过亲历实践获取知识，提升能力，体验情感。幼儿充分利用自身的多种感官与情境中的事物和材料进行互动，在丰富、真实的体验中，促进概念的形成和认识的发展，他们模仿能力强，生活中的一切人、事、物无时无刻不在潜移默化地作用于幼儿，影响幼儿的发展。幼儿的学习内容在其身处的环境中不断生成。

4. 扇叶 4 代表评价反思，包含自我评价、课程规划、质量评价。重点对教育的过程与质量进行评价。

5. 风车棍是社群劳动教育价值的体现，幼儿园社群劳动教育不能只停留在“简单劳动”“体力劳动”上，更重要的是劳动素养的培养，劳动价值观的建立，使幼儿尊重劳动，热爱劳动。习近平总书记在 2018 年全国教育大会上强调，要努力构建德智体美劳全面培养的教育体系。2019年11月，《关于全面加强新时代大中小学劳动教育的意见》提出把劳动教育纳入人才培养全过程。《幼儿园教育指导纲要（试行）》指出要“引导幼儿了解自己的亲人以及与自己生活有关的各行各业人们的劳动，培养其对劳动者的热爱和对劳动成果的尊重”。《3—6岁儿童学习与发展指南》提出要“引导幼儿生活自理或参与家务劳动”“帮助幼儿了解与自己关系密切的社会服务机构及其工作……懂得尊重工作人员的劳动，珍惜其劳动成果”。

劳动教育价值将四个扇叶连接，组成一个整体。劳动教育价值体现在五育并举的全面育人方面，表现为幼儿劳动素养的养成、劳动技能的培养与实际资源的运用。

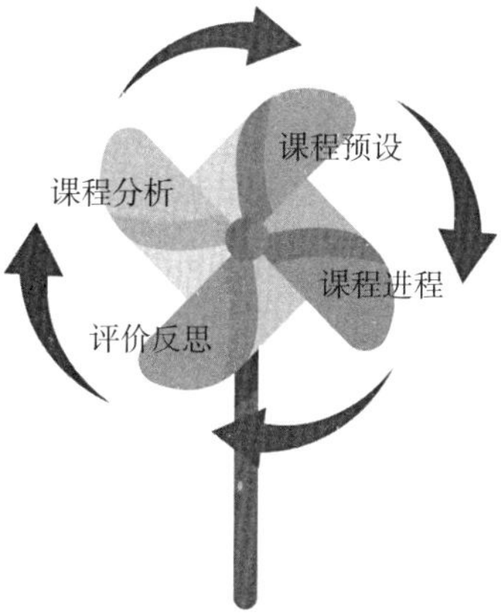

风车模型的转动代表着课程的动态演进

风车在立德树人的大背景下欢快转动，预示着课程在不断地演进中丰富了幼儿的经验，提升了幼儿的劳动能力，培养了幼儿良好的品德。课程模型注重五育并举，以德为先。

社群劳动课程的风车模型做到了“六个体现”：体现了对立德树人根本任务的深度践行；体现了幼儿园在社群劳动中注重劳动教育本身对幼儿的促进作用；体现了以劳动价值为核心的课程内部要素之间的融合；体现了劳动价值贯穿于课程始终；体现了对幼儿合作、团结精神的培养；体现了对幼儿心灵的滋养。

风车的转动呈现了美的状态：灵动之美——内心强大的驱动力是幼儿社群劳动的源泉，对幼儿劳动兴趣、劳动愿望的培养、激发至关重要；愉悦之美——劳动是悦己达人的，自我的评价与肯定和他人的需求与赞赏不断地加深幼儿对劳动价值的感受与理解；品德之美——在劳动中塑造优秀品德，培养眼中有大家、心中有大爱的社会主义事业的建设者和接班人。

（三）风车课程模型的建构关系

风车可以由任何一角接收到的风带动着转动起来，这也就表示，社群劳动课程可以受儿童、教师、家长、社区或关注点等任何一方的影响而生发出新的课程。

教师通过对课程前期的判断分析，确定劳动教育目标、幼儿经验水平、课程类型、资源应用等方面，为活动的顺利开展提供基础保障；随着思考的深入，教师要对课程进行预设，尤其是活动内容的筛选、活动形式和内容的具体安排，这就需要以幼儿为主体，结合他们的想法来设计活动；计划形成后，开始课程进程，进程中，环境的支持，幼儿自身的体验感受，教师、同伴或其他社群人员与幼儿的互动都会对幼儿经验的建构产生影响，幼儿是这个部分的主体，教师承担支持、引导的作用；课程的评价反思是四个部分中最后的部分，但广义地讲，它可以作为新一轮课程的生发基础，评价不是针对事件结果的定性评价，而是体现过程的评价，要将幼儿的自身评价与外部评价相结合，评价可以是语言、表情、动作类的具体形象的评价，要注重幼儿的体验、周围人的感受。

以上四方协调互动，伴随着风车的转动形成合力，风车的每片扇叶是上一部分的高质量推进的同时也是下一部分的基础，四个扇叶缺一不可。教师专业的发展与风车的转速相关，是风车旋转的关键。社群劳动课程在立德树人的整体背景下增速旋转、相互联系、相互促进，最终实现劳动教育的价值及全面育人价值。

案例片段：快乐重阳节

我园紧邻军休所，在来离园的路上、社区小花园游戏的时候经常能和军休所的爷爷奶奶碰面，孩子们热情亲切地打招呼，给爷爷奶奶们留下了很好的印象。重阳节来临之际，军休所受爷爷奶奶的委托对我们园的孩子发起了邀请，他们希望孩子们能陪他们一起过重阳节。这正好和大班孩子们的心愿不谋而合，于是大班的孩子们就开始准备重阳节的活动了。“我们想要演节目。”孩子们纷纷表示要给爷爷奶奶表演小节目。谁来演？在哪演？演什么？“我爷爷喜欢听我唱歌，咱们可以唱首歌。”“我奶奶是军人，她就喜欢看我做武术操。”孩子们争先恐后地讨论着。“在小花园就行，咱们不是总去那里玩吗？”“对，那边场地大，能跳得开！”“我看奶奶就在那里跳广场舞。”孩子们很快就确定了演出的地点和内容。

老师和孩子们一起商讨：“我们可以帮爷爷奶奶做些什么呢？”“我可以捶背！”“我可以给爷爷奶奶买好吃的！”“我可以给爷爷家扫地。”“我可以给他讲笑话。”说干就干，孩子们按小组制订计划、分工合作，他们成立了表演组、礼物组、帮助组，并将每个人要做的事情记录下来。

所长在活动前和老师们、志愿家长介绍了老人、场地使用、布景等情况，以便老师能够更好地协调安排。

重阳节活动按照计划展开了，孩子们在舞台上唱唱跳跳，博得了老人们的一致好评，老人们热情的掌声给了孩子们最大的动力。表演后，礼物组的小朋友将自制花环、千纸鹤送给了爷爷奶奶，并送上了祝福。老人们纷纷拥抱孩子，并表达了自己的愉悦心情。帮助组的小朋友走进了爷爷奶奶的家中，他们拿着笤帚、簸箕、抹布开始打扫，老人们看着孩子们忙碌的身影，连声道谢夸赞。

（课程实施者：许瑶瑶）

通过这次社群劳动课程，可以看到风车课程模型在活动中的运用。前期教师通过对资源的分析和幼儿经验的了解，选择了适合的班级来开展课程。在商讨的过程中，老师们注重幼儿的表达，孩子们根据自己的优势和兴趣分了三个组，三个小组有不同的行动路线和内容分工，孩子们各自的角色不同，任务也不同。在讨论中也体现了孩子们为给爷爷奶奶做事情的思考，我们可以看到孩子们并不是以“我自己”为中心，而表达的是“爷爷喜欢什么、奶奶喜欢什么”，更注重了对于老人需求的关注。他们更在意帮助老人做什么是他们所需要的，体现出社群劳动的独特价值——悦己达人。

我们也能够看出幼儿对内容、形式的选择是有一定见解的，整个商讨的过程以幼儿为主体，体现他们对于活动实施的思考，教师在其中起到了支持的作用，只是在一些细节上进行提示，更多的是放手鼓励孩子们去安排计划。孩子们通过表演、送祝福、搞卫生这三件事情收获了爷爷奶奶们的鼓励与感谢，看到爷爷奶奶的反应，孩子们仿佛更有力量了。其实老人们的语言、表情、动作对孩子而言都是一种外部评价，积极的外部评价能够促进幼儿理解劳动价值、感受劳动带来的愉悦。除了外部评价的驱动以外，老师和孩子们也讨论了这次活动的感受，孩子们纷纷表示虽然累，但很开心，自己也愿意去参与等等。孩子们的表达也体现了其内心对劳动的判断，积极、主动、乐于参与，是劳动教育最好的效果。除了老人的评价、幼儿自身的评价，教师也会对孩子们的行为进行评价，这个评价并不是以结果为导向，更多的还是过程性的，老师会将自己看到的、听到的、感动的地方表达出来，以此激发幼儿的劳动愿望与热情，丰富幼儿的劳动技能，培养幼儿的劳动素养。孩子们不是为了劳动而劳动，而是通过有价值、有意义的劳动给他人带来愉悦，让自己和他人的生活更加美好。社群还有重要的一点是协作劳动，通过合作、商讨、分工、共同劳动等，体现出群体的价值，形成团结的向心力，在群体劳动中看到别人的优势，懂得尊重他人，这些都会在社群劳动中自然习得，进而帮助幼儿渐渐从以自我为中心过渡到以他人为中心，从以他人为中心过渡到以社会发展为中心，才会有从爱父母到爱家乡、再到爱祖国的胸怀。

二、彩虹模型

（一）彩虹课程模型的由来

风车课程模型是我们对课程过程的模型建构，是由幼儿自身发展拓展到班级、家庭、社区的课程，这样的课程具有范围层层扩展、能力层层增强的特点。

朱继文园长曾提出“参天红杉滋养，七彩儿童绽放”的理念，以“促进幼儿个体生命潜能，使其得到自由、充分、和谐的发展”为课程目标，并借鉴了加德纳的“多元智能”理论和费尔德曼的“多彩光谱”理论，以彩虹形象为依托，寓意着儿童的智能像光谱一样多彩而丰富。

七彩儿童（颜色）	多元智能（智能）	目标关键词
赤	音乐智能	热情、积极
橙	数理逻辑和空间智能	创造、探索
黄	语言智能	自信、真诚
绿	身体运动智能	合作、健康
青	自我认知智能	责任、执着
蓝	自然观察智能	观察、思考
紫	人际交往智能	文明、友善

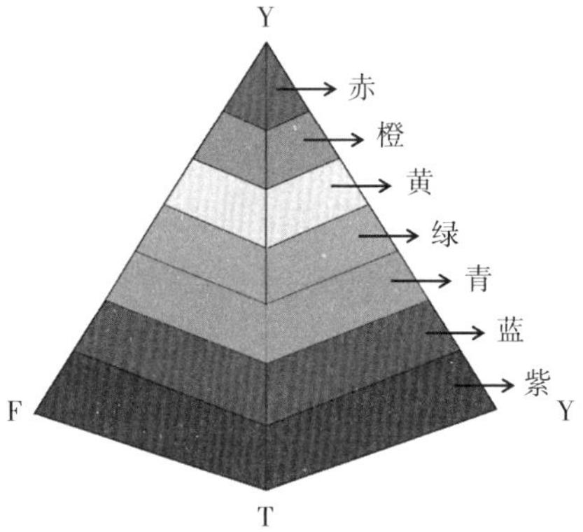

FTYY 课程与七彩儿童理念的融合

彩虹模型是在七彩育人目标引领之下生发出的社群劳动课程模型。该课程模型以儿童个体能力为起点，层层扩展的彩虹光晕象征着以幼儿发展为中心的课程不断拓展，推向同伴、集体、家庭、社区、社会等更大的范围。

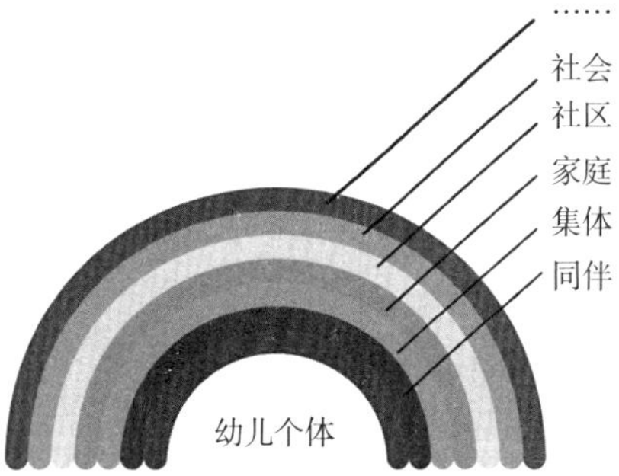

彩虹课程模型

彩虹模型本身注重幼儿自身发展、自身经验的建构，从先会做力所能及的事情，服务好自己，再到服务好他人、社会。每条彩虹的颜色不断累积，形成更大的光晕，使其看起来更加美丽、完整。因此，它是增长式的模型，更看重幼儿持续性的成长发展。

（二）彩虹课程模型的组成

彩虹的第一层：自我。这一层是彩虹的中心，表示幼儿最初的劳动是从自己的事情自己做开始的。小班幼儿乐于干力所能及的事情，会在自我服务的过程中感受到快乐，如用餐、如厕、穿脱折叠衣物、洗毛巾、杯子、整理自己的橱柜等，幼儿可以自主选择自己认为可以完成的劳动内容并完成。这一过程是其他层的基础，只有服务好自己才能更好地服务他人。

彩虹的第二层：同伴。体现为同伴之间的相互帮助。中班幼儿开始从以自我为中心逐渐转为关注他人，也更愿意、更有能力帮助他人做事情并从中获得更多的自信与价值感。很多幼儿都愿意参与到劳动中来，劳动技能熟练、年龄长或是力气大的幼儿可以帮助有需要的幼儿，他们能为同伴提供的帮助有很多，如帮助同伴穿衣服、梳头、拿位置高一些的东西等。

彩虹的第三层：集体。这里的集体是指广义角度的幼儿园大集体，不单指班集体。幼儿园也是一个集体，整体指向服务集体，帮助幼儿逐步形成主人翁意识。幼儿在为同伴劳动的基础上，开始扩大范围，如幼儿之间的大带小劳动、分工合作、共同清洁卫生、为幼儿园做力所能及的事情等，都可以在此体现。

彩虹的第四层：家庭。体现为家庭中的劳动，即帮助家人做事情。这个层次有助于幼儿在家庭中获得更好的亲子情感交流和更多肯定，体现了幼儿劳动在家中的价值。如爸爸上班累了，坐在沙发上，幼儿主动给爸爸捶背；妈妈给二宝换纸尿裤，大宝主动去拿；妈妈下班回家，宝宝帮妈妈拿拖鞋等，虽然这些行为看起来稀松平常，但都是幼儿劳动行为的体现。此时，幼儿已经从关注自身需求转向了在日常生活中关注到他人的需要，这样的转变不但是视角的转变，更是幼儿社会性发展的重要进程。

彩虹的第五层：社区。拓展劳动形式和服务对象。幼儿社群劳动课程的开展是多维度、多层面的，范围由小及大，服务对象从个人延展到更广泛的人群，从而从更广的维度上培养幼儿的劳动意识与能力。幼儿对于社区生活环境的关注是其能力范围的再拓展，幼儿通过看到社区的一些现状，以经验为基础，提出自己的疑问，并寻求更多的人一起讨论、计划、协商、解决等，关注面的扩大是幼儿亲社会行为的重要体现。例如，在快递柜清洁活动中，幼儿看到快递柜很脏，于是和同伴、老师一起商量对策，达成一致后，开始清洁快递柜。而清洁也给孩子们带来了许多困难：用什么工具、什么方式、谁来清洁、清洁后如何保持等，这些问题通过孩子们的商讨、教师的引导，最终得以解决。幼儿收获了清洁快递柜带来的劳动喜悦，也得到了社区居民的认可与鼓励。幼儿的活动范围不断拓展，使得更多经验得以建构，为幼儿的下一次活动做准备。在社区自行车改造的活动中，社区送来了大批没人要的自行车，幼儿将如何“处理”它们呢？通过在幼儿园游戏中的经验积累，幼儿想出各种办法进行改装、装饰，最终呈现了不一样的自行车等等。这些都是以幼儿的能力发展为起点，在社区资源的基础上生成的社群劳动课程。

彩虹的第六层：社会。这个层面有比较广阔的场域，是在社会层面上，理解与尊重为我们付出劳动的人，不只是局限于做某件事情本身，而是关注更多的劳动人群，理解他们的辛苦，尊重为我们服务的人，以劳动为荣。

彩虹的第七层是最后一层，我们没有给予准确的界定，是刻意留白的一层。因为课程的生发不只是在我们目光所及之处，还可以有更多的拓展方向与可能性。不拘泥于课程模型本身，也没有最终的思想，是给幼儿的发展留白、给教师更多的拓展空间。

（三）彩虹课程模型的建构关系

彩虹模型适用于范围和能力递增的社群课程模式。彩虹课程模型既体现出范围拓展的维度，又体现出幼儿深度体验理解劳动的发展维度，它注重幼儿的内在动机需求，引导幼儿由己到人、由人到群、由群到社会，不断跟随经验推动范围的拓展与能力的提升。

彩虹模型整体是各种颜色层层叠加，由个体向同伴、再向集体服务的经验拓展到家庭、社区的过程，这一过程代表了幼儿能力的提升、对劳动价值的理解。由浅入深、由易到难，体现了幼儿劳动教育的发展过程，也可以说，幼儿在这样的过程中获得更多发展。我们要辩证地理解每个层面的关系，宏观地看待整体的发展。彩虹从内向外是能力增长的过程，由外至内是环境影响幼儿发展的过程。幼儿所处的环境、家长的行为、社会的导向都会对幼儿的劳动教育产生影响，也会对幼儿劳动认知和幼儿对劳动价值的理解产生影响。因此，我们在看待彩虹层递进的同时，也要看到相互之间的联系。由内而外是层层拓展的，由外至内是层层影响的，它们之间是相互推动、相互促进的。彩虹课程模型是我们对育人的思考，更是对立德树人的大教育观背景下幼儿劳动教育的推动。这种推动使得社会、家长、教师更加深刻地认识到大环境中劳动教育的重要性，从而更加注重劳动教育。

课程模型本身是助力课程不断生发的，对于模型的设计没有终点，体现了对人发展的无限可能的支持与理解，体现了对劳动范围无限扩大的期待与包容。正所谓：“穷则通变，变则无穷。”幼儿的发展是动态的、可持续的、不可估量的。彩虹课程模型是以人为本的模型，作为教育者，我们相信人的潜能是无穷的，相信幼儿的能力，相信幼儿的发展，唯有怀着这样的信念，我们才能遇见更美好的未来。

案例片段：七个谢谢

最近我们组织了一个非常有意思的活动：收集谢谢。请小朋友们开动小脑筋，想一想做什么样的事情别人才会对你说“谢谢”？没想到收集回来，孩子们给了我们一个大大的惊喜。“我帮妈妈扔垃圾，妈妈对我说了谢谢！”“我给奶奶剪指甲，奶奶对我说了谢谢。”“我把玩具分享给妹妹，妹妹对我说了谢谢。”……就这样，每个小朋友都收集到了许多“谢谢”，有的小朋友十分细心，把自己的行为用绘画的方式记录了下来，爸爸妈妈在旁边用文字做了批注，还有的小朋友则是用表格的形式来记录，孩子们的活动呈现方式都十分精美。

我们以小组讨论的方式进行了活动分享，小朋友们先轮流分享各自收集到的“谢谢”，再进行对比，看看哪些“谢谢”是相同的；而对于不同的“谢谢”，小朋友们之间可以互相学习、借鉴。分享过程中，孩子们和老师一起将“谢谢”分成了七大类：帮家长买东西、帮家长做家务、朋友之间的分享、说甜蜜的话、尊老爱幼和其他。小朋友们对应着统计表，分别把自己收到的“谢谢”贴上去。经过统计，孩子们发现，收集到“帮助家长做家务”的“谢谢”最多，“说甜蜜的话”和“尊老爱幼”的“谢谢”比较少，于是我们进行了进一步的讨论，并请小朋友们回去再收集“谢谢”，确保每一类“谢谢”的数量相等。孩子们自然会选择“说甜蜜的话”还有“尊老爱幼”。孩子们可以随时把自己收集到的“谢谢”画下来，贴到我们的互动墙上，还可以邀请其他班的小朋友来我们班欣赏，将自己收集到的“谢谢”介绍给更多的幼儿，这样一来，也促进了同伴间的模仿、学习。家长们对于“七个谢谢”的活动和孩子们一样抱有热情，看到孩子们在家中的表现，纷纷写出了自己对孩子们参与家务劳动而产生的感受。后来，有的家长还带着孩子去参加社区志愿者服务工作，帮助社区捡垃圾、帮助老人擦拭健身器材，让孩子感受到了为更多人服务的快乐。我们还在家长志愿者的推动下，开展了学雷锋社区劳动服务活动，使孩子们从家庭走到了社区。活动的开展发挥孩子们的主动性，而不是站在道德的制高点上教条式地要求孩子们做什么样的劳动。活动的过程是孩子们探索的过程，使孩子在主动、享受中感受活动所带来的快乐，幼儿在主动中获得真正的发展。

（课程实施者：毕薇薇）

通过这次社群劳动课程，我们可以看到彩虹课程模型在活动中的运用，幼儿通过自身劳动经验和技能的积累，呈现出对同伴、对家人的劳动行为。活动以收集“谢谢”的形式激发幼儿需求，让劳动成为获得“谢谢”的途径，使幼儿在劳动中获得自信心、价值感。埃里克森将 3—6 岁儿童的特征概括为“主动对内疚的冲突”，这一时期的儿童乐于帮助父母做一些力所能及的劳动，如果幼儿表现出的主动探究行为受到鼓励，幼儿就会形成主动性，但如果成人讥笑幼儿的行为，幼儿就会逐渐失去自信心。生活中的体验、互动中的愉悦、分享表达中的自信都是社群劳动教育中不可忽视的部分，对这些内容的重视，可以帮助幼儿形成良好的劳动习惯，培养他们的劳动素养。在“七个谢谢”的活动中，教师注重幼儿价值感的获得，从而激发了幼儿的劳动愿望，也激发了家长的热情，于是有了从家庭劳动走向社区服务的变化。当然，幼儿园也会开展“学雷锋”“构建绿色家园”等活动，在活动中，幼儿走出园门、家门，来到更宽广的场域——社区，在社区中会有变化的人群、不同的环境，还有不同的事件发生，这些都对幼儿经验的建构至关重要。“七个谢谢”中的“七”只是一个数字，但并不代表只有七个，其实孩子的活动类型和活动范围是无穷大的。从最小的单位“我”，到“我们”“他们”的变化，体现了彩虹模型范围的拓展，在此过程中，幼儿们劳动经验的积累也是其自身能力增强的表现。

课程的模型可以是多样化的，是依托于园所文化、园本课程、周边资源的，发起者可能是儿童、教师、家长、社区，我们不局限于一种发起角度，而是更注重从儿童视角出发，理解课程的生发，注重社群劳动课程的价值，让其成为幼儿发展的最好的课程资源。课程模式是园所文化的体现，我园提倡“一枝独秀不是春”，这与国家提出的“国际国内双循环”在文化底蕴与课程思想上是一致的。社群劳动要因地制宜，范围可以小到捡起地面的垃圾、帮忙做家务、关爱小动物、关心身边人，也可以大到关心帮助更多的人，这些劳动的行为也会影响身边更多的人。

我们在关注人类劳动的同时，也可以关注生活中动物的劳动。比如养蚕活动中，我们看到的蚕宝宝的成长过程就是劳动的过程，蚕宝宝吐丝结茧，其产生的蚕丝满足了人类的需要，每一种劳动都蕴含着独特的价值。自然界中诸多的劳动现象对幼儿具有重要的启示意义，可以更直观地帮助幼儿明白生命是值得尊重的，同时认识到每个人都可以通过付出劳动让自己的人生和社会更加美好。社群劳动不只局限在“人”的范畴，我们也要拓宽视野，看到自然界和社会中的劳动。从长远角度看，劳动教育对儿童的发展具有深远的意义，为儿童的终身发展奠定了基础。

党的十九大报告明确指出：“中国特色社会主义进入了新时代，这是我国发展新的历史方位。”我国劳动教育的内容与形式也要相应地发生转变。在“第二个百年”的新征程中，教育发展的主要任务是构建高质量发展教育体系，目标是建成教育强国、实现教育现代化。“建设高质量教育体系”是国家从战略的高度对教育提出的更高要求，对于学前教育也是一次重要的发展机遇，高质量的学前教育不只是一个静态的理想目标，更是一个动态的、不断追求卓越的过程。高质量的学前教育要更具备前瞻性，从培养世界公民和面向未来出发，着力于培养儿童的国际视野、大格局观、创新思维、批判性思维、解决问题的能力、持续学习的能力，以及时刻拥抱变化的能力。这些都是幼儿适应时代发展与变化的关键素养，与幼儿园的课程理念、育人模式息息相关。因此，要切实提升劳动教育教学质量，确保劳动教育实施的实效性。

第二节
幼儿园社群劳动课程内容选择的依据及标准

《纲要》中指出："幼儿园应为幼儿提供健康、丰富的生活和活动环境，满足他们多方面发展的需要，使他们在快乐的童年生活中获得有益于身心发展的经验。"幼儿园社群服务不是让孩子们整天拿起扫把，拿起抹布大搞卫生，也不是成人安排的体力劳动，而是让孩子们在帮助他人的过程中，运用多种感官去感受、体验和表达，并获得有益经验。

总的来说，社群劳动的内容选择应能满足幼儿各方面的发展需要，包括身体、认知、语言、社会性、情感、创造等方面，并使这几个方面得到平衡地发展；应符合幼儿的年龄特点，为幼儿提供材料、环境的支持，为幼儿创造条件，让幼儿做适宜的事，满足幼儿的发展需要；应回归幼儿实际生活，但这不是把幼儿教育变成劳动的生活训练，而是让幼儿在一个真正属于他、能让他的生命得到萌发的、现实的、感性的、真正彰显幼儿主体性的环境中生活和学习；课程内容的选择与安排还应既能满足幼儿当前发展的需要，又能促进幼儿能力的提高，为后面的学习奠定基础，具有挑战性的学习内容可以激起幼儿的学习兴趣，促进幼儿的发展。

一、以幼儿关键经验和兴趣点为依据的内容选择

（一）以幼儿关键经验为依据的内容选择

关键经验是选择社群劳动内容首先要考虑的因素。比如在《3—6岁儿童学习与发展指南》中，对小班幼儿的特征有"喜欢承担一些小任务""有初步的责任意识"等描述，那我们就可以视情况开展一些以班级物品为管理对象的相关劳动，如：帮助班级收放用品、摆放拖鞋、收拾玩具等。中班的幼儿"敢于尝试有一定难

度的活动和任务”“有一定的责任意识”，那就可以引导幼儿参加一些班级物品整理的劳动，如值日等；“愿意与家长一起参加社区的一些群体活动”，可以引导他们维护社区环境、进行大扫除等；“尊重劳动者，知道身边的劳动者及他们的工作任务，并愿意尝试”，则可以引导他们帮助食堂老师择菜等。到了大班，幼儿的社会归属感进一步加强，教师可以引导幼儿了解自己所在的幼儿园，激发他们为集体做事的意愿，通过开展相关活动初步培养他们的集体荣誉感和责任感，如接待参观的老师；在社会认知方面，可以引导幼儿了解周围生活环境中各行业劳动者的工作，尝试和体验身边的劳动，如扫落叶，每天收厨余垃圾、垃圾称重、记录等；在人际交往方面，让幼儿能够认识到自己是幼儿园里的哥哥姐姐，愿意帮助低年级的弟弟妹妹，如带新入园的弟弟妹妹参观幼儿园，给弟弟妹妹喂饭，整理小柜子等。

（二）以幼儿兴趣点为依据的内容选择

了解幼儿的兴趣、需要和发展特点是教师开展社群劳动课程的前提，社群劳动的核心是给予幼儿一个参与社群服务的机会，为幼儿提供劳动的时间、空间、材料和自由度。“以儿童为中心”体现在教育的过程，它要求教师应考虑儿童的个性特征，使每个幼儿都能发挥他们的特长，尊重儿童在教育活动中的主体地位。不了解幼儿现实的兴趣、需要和发展特点，也就无法判断提供给幼儿的机会是否适当。尤其应该避免使社群劳动成为教师布置和安排的活动，避免使其成为根据特定套路进行的一成不变的活动。要让幼儿真正成为服务和劳动的主人，让他们发起和决定活动内容，在过程中得到新的经验和感受。

教师要努力提供开展活动的必要条件。教师应在倾听幼儿诉求的基础上，让幼儿自己协商，或与幼儿共同商量，使班级的社区真正反映幼儿的需要和兴趣。同时，教师要和幼儿一起为不同的社群劳动准备相应的材料。有些材料还需要家庭和社区的支持。在时间、空间、材料和自由度四个条件中，最重要的也是最容易被忽视的是自由度。没有自由度，时间、空间、材料再丰富，活动也不可能真正起到促进幼儿发展的作用。

案例：梯子的修缮

大班社群劳动“梯子的修缮”活动中，幼儿园户外区域中的梯子经过长时间的风吹日晒已经老化，中间的横梁有些已经脱落，出于安全考虑，我们将梯子放在了操场一边，不再投入使用。小朋友们在搭建区域游戏的过程中发现了这个梯子，在搬运过程中发现梯子损坏，不能再使用，因为没有寻找到其他的材料进行代替，区域活动结束后，孩子们还闷闷不乐。于是他们一起将梯子搬到木工坊，想将梯子修缮好以便继续投入到游戏中。

第一次尝试：

铭铭发现坏梯子后，尝试着组合安装。同伴冰冰加入，和他一起搬运组合。另外两个孩子对照孔洞将梯子的横梁对齐。铭铭和冰冰把组装好的梯子用钉子进行加固。

第一次检验：

钉子加固好之后出现了意外状况，使劲一拉，梯子的横梁又开了。

讨论：

铭铭：钉子太短，没有钉好。

冰冰：钉得太远，没起到作用。

老师追问：如何解决这个问题呢？

第二次尝试：

两个小朋友相互协作，将梯子的两边向中间靠拢，铭铭找到一根最长的钉子递给冰冰，接着又开始在一盒长短不同的钉子中找出长的来备用。冰冰手拿锤子，将长钉子斜着钉进横梁，并在松动的地方上下都使用新的钉子进行了固定。

第二次检验：

等再次钉完之后，冰冰使劲拉一拉横梁，看看是否结实，这就是检验加固的方法。

过程中大家齐心协力，相互合作，不断地尝试、探究、实验、总结、验证。老师抓住幼儿的兴趣点，支持幼儿的想法，通过问题的引导及适当的建议等途径，让幼儿得到适宜的挑战，基于幼儿兴趣促进幼儿发展。

二、以幼儿能力发展水平为基础的内容设计

（一）小班幼儿能力发展特点

小班幼儿逐渐摆脱自我中心，在成人的指导下，已经培养了许多日常生活、游戏和学习活动时所必需的生活自理能力，也已经适应了集体生活，但仍然十分依恋父母和老师。随着对他人的情感反应敏感性的增强，他们开始能站在他人的立场上感受情境，理解他人的情感，他们开始认同、接纳同伴和老师，社会交往范围也有了很大的拓展，从家庭成员扩展到老师，同时在户外时也能以活动的方式开展与同伴的密切交往。小班幼儿喜欢跑、跳、骑脚踏车等大动作，其动作从开始发展，变得更加协调。虽然肌肉精细动作发展相对迟缓，但双手协调能力有了较大的发展，动作也逐步精细化。随着小班幼儿行动越发自如以及认知范围的扩大，他们逐渐形成了一些与生活经验相联系的实物概念。其认识活动基本上是在行动过程中进行的，大多先做后想，或者边做边想。

因此，小班幼儿的社群劳动更具有游戏性。游戏是幼儿最主要的活动，对于幼儿来说，游戏就是他们的生活，幼儿的社群劳动就是在游戏中来完成的。例如，刚

刚进入幼儿园的小班幼儿最爱的是幼儿园的大滑梯，当滑到滑梯底端时，小朋友的两脚还不能非常精准地蹬在地上，一不小心就会掉坐在草坪上，这时，他们往往会站起来揉揉屁股，回头看看滑梯，嘴里嘟囔着："都摔疼我了！"例如，有一次，抱着小玩偶的乐乐从上面滑下来，不光自己摔了一下，手中的玩偶也摔在了地上，他伤心地哭起来，拉着老师的手："老师，拉拉（玩偶的名字）摔了，拉拉很疼吧。"不一会儿，一群小可爱就围了过来，老师抓住机会，发起了"保护拉拉"的游戏，于是孩子们争先恐后地寻找着操场上可以做缓冲的材料。就这样，孩子们在一次次的滑梯游戏中完成了社群劳动。

（二）中班幼儿能力发展特点

中班幼儿的游戏水平明显提高，需要更为丰富充实的活动内容，同时他们的自主性和主动性有了进一步的发展，能够提出自己的想法并投入实践，有主动参与活动的热情与能力，幼儿的合作性游戏逐渐增多，游戏水平不断提高，这为幼儿社会交往能力的发展提供了一定的条件。幼儿的活动持久性也逐渐增强，需要教师在活动时间上给予合理的保证。例如：他们在看见保育老师做事情时，会主动上前帮忙一起做；在小班弟弟妹妹来园时，哥哥姐姐会和他们一起游戏，给他们喂饭，帮他们穿衣服；当弟弟妹妹的床上用品需要从园门口拿到班级里时，他们也会伸出援助之手。

（三）大班幼儿能力发展特点

大班幼儿动作灵活，手部小肌肉快速发展，其自理能力和劳动能力明显提高，在劳动中表现出一定的责任感，在与同伴的交往中，能与同伴开展合作性游戏，逐步形成规则意识，对周围的世界有着积极的求知探索欲望。大班幼儿的个性特征更为显著，最为突出的是儿童自我意识的发展，儿童的自我评价从依从性评价发展为独立性评价，从个别评价发展为多方面评价。

案例：垃圾分类

《北京市生活垃圾管理条例》发布后，垃圾分类成了北京"新时尚"。这个变化同样影响着孩子们的生活，垃圾分类成了大家关注的话题，幼儿园里也更换了分类垃圾桶，后勤崔老师会统计每天的厨余垃圾重量，班级里也开展了垃圾分类话题的讨论。

可有一天保育张老师看起来闷闷不乐，她在晨间分享活动时说了自己的烦恼："孩子们，咱们的厨余垃圾可太多了啊，昨天我去扔垃圾的时候，后勤崔老师都批评我了，他说我们班的垃圾最多，以后要减少了啊，他那本子上可给每个班都排了名呢，要不我们班就是最后一名了啊。"保育张老师沮丧地说。

"什么？最后一名，那可不行。"

“张老师，那我们以后都光盘行动，吃得干干净净的，一点都不剩。”

“张老师，我们保证，咱们班的厨余垃圾最少。下次崔老师一定不会再批评您了，肯定还会表扬咱们班呢！”

接下来的每顿饭，孩子们把盘子里的东西都吃得干干净净。最可爱的是，有时吃到带骨头的食物，他们都会担心今天的厨余垃圾一定会重一些，于是就把羊排、鸡翅骨啃干净、洗干净、晾晒干，放在区域里玩游戏，看来真的就像他们说的那样，要减少厨余垃圾呢。

就这样，有一天，张老师兴高采烈地回来：“孩子们，告诉你们一个好消息，咱们的厨余垃圾是最少的！崔老师都惊讶了，看了好几遍他的本本，不仅表扬咱们班了，还要来采访你们是怎么做到的呢！”孩子们高兴极了：“老师，怎么样，我们说吧，一定行的。”

三、与园所实际相结合的内容依据

劳动课程内容的选择一定是基于实际情况、实际资源，与园所的实际相结合的，我们将其称之为幼儿园的“一公里”资源。“一公里”，顾名思义，就是孩子们日常接触的地方，是以幼儿园为圆心，一公里为半径，画一个圆，圆内的大千世界都是我们的教育资源。当然，这个“一公里”只是一个概念，并非严格限定在一公里之内，意指幼儿园附近的、触手可得的各类资源。“一公里资源”主要包含以下几类：

第一，园内资源。幼儿园是孩子们每日生活的地方，是教育资源的中心点，利用园内资源开展教育，取材简单，还能对学习进行持续性评价。园内的核心资源主要有自然资源和人的资源。这些资源触手可及，也是利用率最高的资源。

第二，园外资源。孩子们常接触的园外资源主要是指幼儿园附近的社会资源。以幼儿园为例，走出园门便是饭店、建设银行、超市等社区资源。把社区资源引入课程之中，课程的丰富度便增加了。

第三，走进来的资源。除了一公里范围内的固定资源，时不时还会有一些令人惊喜的资源走进我们的“一公里”范围内。例如，特殊时期巡逻的警察、来园参观的老师、被人骑到门口的小黄车等。

第四，共同经验的资源。“一公里”除了空间上的概念，还可以延伸为孩子们共同熟悉的事物、共同参与过的活动、共同去过的地方等。例如，孩子们爱去的汽车博物馆、欢乐水魔方等。与孩子紧密相关的“吃穿用住行”都在“一公里”资源范围内，简而言之，就是“源于生活”的课程资源。

从古至今，节日是日常活动浓缩的精华，蕴含着丰富的文化底蕴。当然，节日中的社会性目标也体现在各个方面，节日来源故事中，一般都蕴含着对他人的尊重，节日的庆祝过程是人与人的交往过程，节日的仪式感则是对周围人、事物感恩的体现。在利用社区资源的过程中，我们充分挖掘节日的内涵，实现与儿童社会性发展的融合。例如，在教师节，孩子们采访了教师，了解教师们的过节期待，得知白老师的愿望是“和家中的小宝贝一起过节”，于是孩子们提议邀请小弟弟来幼儿园，由大班小朋友们共同照顾，这让老师喜出望外。这样的活动不仅完成了老师的心愿，更体现出幼儿在社群劳动中关注他人、帮助他人的珍贵品质。

社区实践活动也为幼儿提供了多方面的劳动内容，帮助幼儿实现多维度感知。例如，在邀请社区弟弟妹妹来园的时候，孩子们设计出海报，找到社区的工作人员，与之沟通活动的目的，并且询问海报张贴的场地，还要牢记社区人员的提示，类似“入园需要携带哪些物品？”“家长在哪个区域等待？”“大约多长时间？”“要是弟弟妹妹哭得太厉害，怎么办？”等，海报张贴出去之后，还要解答社区照顾宝贝的爷爷奶奶的咨询……孩子们走出幼儿园，多层次、多维度地进行活动，应对不确定的状况和问题，发展其人际交往和社会适应能力。例如，心怡小朋友面对一位奶奶发出的“多大的孩子可以去幼儿园？”“你会怎么照顾我家孩子啊？”“怎么和你们老师联系啊？”等开放性问题，能够与之进行四个回合的对话，并且向老人传递正确的理念：“小弟弟可以自己跑，不会摔倒的，我弟弟就会跑，可快了。”

除了在活动招募阶段与社区工作人员进行沟通，在活动结束，需要把宣传展板拿回来的时候，也需要考虑如何感谢社区叔叔阿姨的支持，后面还会有哪些活动等，孩子们还会尝试向陌生成人请教知识和经验以丰富自己的认知。

利用社区资源开展社群劳动课程，让孩子实现了真正意义上的互动，享受劳动的过程，理解“劳动即游戏”的观念。

第三节
幼儿园社群劳动课程的特点

一、课程资源的多样性

高尔基曾说：“热爱劳动吧。没有一种力量能像劳动，即集体、友爱、自由的劳动的力量那样使人成为伟大和聪明的人。”可见，劳动能够提高人的综合能力，塑造人的美好品格。社群劳动属于劳动的一部分，场所及人员上的变化可以形成不同的资源模式，实现丰富的教育价值。

我们梳理了一些可以开展和我们已经开展过的社群劳动课程，不尽完备，仅供参考，还有更多课程资源等待我们去发现。

课程资源列表

场所	类型	可开展的活动
园内活动	班级活动	大扫除日——擦擦班级的小桌椅、小衣柜、玩具。
		我是厨师老师的小帮手——择菜、洗菜、扔垃圾。
		办公区服务——帮助办公区域的老师扫扫地、擦桌椅。
		我是小小值日生——发放餐具、提示伙伴正确洗手、检查碗筷摆放、提示伙伴正确擦嘴、提示伙伴正确刷牙。
		帮助保育老师搬运被子——被子装袋、从班级运送到户外。
		修补工作我能行——对班级的玩具、书籍、物品进行检查修补。
		我为弟弟妹妹整理小书包——向弟弟妹妹介绍经验，去幼儿园需要带哪些物品，怎样装在书包里比较方便。
	室外活动	我为玩具擦擦土——大型玩具的清扫、擦拭。
		捡拾、清扫落叶——帮助保洁老师捡拾、清扫落叶。
		来园迎接先锋岗——用自己的方式和来园的小朋友打招呼。
		我帮保安爷爷扫垃圾——定期进行幼儿园门前的三包清洁整理工作，捡拾烟头、白色垃圾，将自行车归位等。

续表

场所	类型	可开展的活动
园内活动	室外活动	垃圾分类监督员——对班级垃圾分类投递进行轮岗监督。
		清扫功能教室——定期整理音乐教室、美工教室、图书室，进行桌椅擦拭、物品摆放、垃圾清理等。
园外活动	家庭活动	我会照顾弟弟妹妹——帮助、教会弟弟妹妹穿衣服，和他们做游戏，喂奶，清洗小的衣物，清洗奶瓶等。
		我是家务劳动小能手——帮爸爸妈妈择菜、套垃圾袋、分发碗筷、剥蒜、晾晒衣服、扫地、擦地，帮家人整理衣柜、抽屉、茶几，进行物品摆放等。
		感恩家人——捶背、洗脚、端水、讲故事等。
		照顾奶奶的好朋友——为小植物浇水、给小宠物清理便盆等。
		清洗小物我能行——帮家人清洗袜子、手绢、围嘴等。
	社区活动	“清理便便”宣传员——制作海报，向宠物主人做好“随时带走宠物便便”的宣传，制作便便袋子供应箱，便于大家取用等。
		垃圾分类文明岗——提示社区人员主动、正确进行垃圾分类等。
		捡拾垃圾小卫士——捡拾白色垃圾、落叶等。
		敬老院慰问老人——为老人梳头、整理房间、擦柜子、捶捶背。
		组织弟弟妹妹做游戏——为弟弟妹妹讲故事，玩简单的运动游戏，介绍幼儿园的生活，教会弟弟妹妹穿、脱衣服，运动中提示弟弟妹妹主动喝水、擦汗等。

（一）园内社群劳动课程资源

幼儿社群劳动的场所包括班级、幼儿园（指幼儿园内除自己班级以外的场所）、社区及家庭，班级和幼儿园是幼儿熟悉的场所，其中的环境或与幼儿有关联的事物都可以成为开展社群劳动课程的资源。

如社群劳动课程“被子旅行记”就是依托班级中的资源“被子”开展的社群劳动课程。月底来临，孩子需要将被子带回家晾晒，由于疫情，家长不能入园进班帮忙，拿被子就成为了需要孩子们解决的问题。为了让班中个子小拿不起来、力气小坚持时间短的孩子也能顺利将被子运送到大门口，孩子们展开了“运送被子”的各种探究。整个运送被子的过程不仅是劳动的过程，更是孩子讨论交流、合作解决问题的过程。同时，通过对运送工具的探索，幼儿对运送工具的特点有了更多了解，也积累了更多解决问题的经验，幼儿在互相帮助中培养了同理心和助人品质。

幼儿园是除班级外，幼儿又一熟悉的场所，幼儿园中的一草一木、一沙一水等都可以成为社群劳动课程开展的资源。如社群劳动课程“我给小树做名片”就是依托幼儿园中的资源“树”开展的活动。“这是什么树呀？”“它会结果子吗？”为了满足中班、小班弟弟妹妹们了解幼儿园中树木的需求，以及更好地向来园的客人介绍幼儿园里的树，大一班的孩子们决定为幼儿园中的树制作名片。在统计小树种类和数量的过程中，幼儿积累了数学知识和运用数学解决问题的经验；在给小树设计名片的过程中，幼儿加深了对不同树木特点的认识，提高了对人员需求的关注意识；在给小树悬挂名片时，幼儿发展了运用多种方式解决问题的能力。

由此可见，只要教师善于发现孩子的兴趣需要，身边的一景一物都可以成为课程开展的资源。

（二）园外社群劳动课程资源

社区是幼儿重要的学习场所，真实、开放、丰富的环境能让幼儿更充分地感知社会的一角，积累更加丰富的经验。如“我是快递柜守护者”是依托社区中的资源快递柜开展的社群劳动课程。孩子们在擦快递柜的过程中，积累了关于清洁用品和清洁方法的经验；在为小鸟制作“拉不脏”的过程中，积累了关于材料选择和联结方式的经验；在安装“拉不脏”的过程中，积累了关于分工合作的经验；在被迫拆卸“拉不脏”的过程中，积累了关于爱护公共资源的经验。由此可见，开放的环境，不仅能够帮助幼儿建构基于自身经验的新经验，还可以帮助幼儿丰富关于社会要求、公共规则方面的社会经验。

家庭是幼儿最为熟悉的生活场所，以家庭为单位开展社群活动，能够充分发挥每一位家庭成员的经验优势。如“一起来运动”就是为解决家庭成员共同运动需求、依托家庭中的“家长经验”开展的社群劳动课程。为了设计出适合每一位家庭成员的运动，孩子与家中成员一起商讨、设计、组织与反思。在与家长相互了解运动想法和锻炼需求的过程中，幼儿懂得了关注他人需求，发展了交流沟通能力；在设计运动项目的过程中，幼儿积累了不同运动特点和适宜人群的经验；在组织运动锻炼的过程中，幼儿积累了调动情绪和鼓励他人的经验；在交流中，幼儿积累了关于反思和调整计划的经验。这说明，家庭及其成员的经验都可以成为开展社群劳动课程的资源。

除了家庭和社区，社会中的博物馆、超市、种植园、农场等也都是非常适合开展社群劳动课程的场所，因其资源高度集中的特点，能够让幼儿在深度体验中获得关于某个内容更加丰富的认知经验。由此可见，生活就是孩子的学习场，只要教师具有课程意识，资源处处可用，课程时时可有。

二、课程主题的丰富性

由于社群劳动课程的资源具有多样性的特点，所以课程的主题也非常丰富，除了上文提到的以劳动内容为依据的分类方式外，还可以从主题维度出发分为操作类社群劳动、探究类社群劳动、情感类社群劳动和认知类社群劳动。

（一）操作类社群劳动主题课程

操作类社群劳动主题课程主要是指幼儿通过亲身实践、动手操作的方式参与的社群劳动。幼儿在劳动的过程中能够学习到工具的使用方法，体验到劳动的价值，培养热爱劳动、尊重劳动者、珍惜劳动成果的良好品质。

生活中操作类的社群劳动非常广泛，如家庭中饭后收拾碗筷、清洁桌面、清扫地面；班级中整理图书、收拾玩具、摆放桌椅；幼儿园中清扫落叶、擦滑梯、浇灌花草树木；社区中清洁健身器材、宣传橱窗、清理宠物粪便等都是操作类的社群活动。活动中，幼儿对不同操作工具的运用会帮助他们积累到多种工具的使用方法；工具间存在的联系会帮助幼儿逐步建立对工具特点和作用的整体认知；劳动内容的不同会帮助幼儿学习到多样的劳动方法；服务对象的不同也会让幼儿体验到劳动在人们生活中的作用和价值，知道劳动在生活中无处不在，认识到劳动创造生活，领悟到人与人之间是相互服务的整体，应该互相尊重。

例如，五一劳动节开展的“我是社区守护者”就属于操作类的社群劳动主题课程。为了更好地胜任社区守护者的工作，孩子们首先分组对公园的环境进行了考察，并采用记录的方式标注出了小狗便便多的位置、出现垃圾多的地方、需要清洁的棋牌游戏的位置和健身器材的位置。察看结束后，孩子们根据不同的劳动任务确定了需要准备的工具材料，通过收集和使用工具，孩子们发现可以用不同工具完成同一件事，比如清理路上的纸巾袋等小垃圾，可以用扫把扫、用夹子夹，还可以用翻地的小耙子耙，或者戴上手套用手捡。在清理不同小垃圾的过程中，孩子们积累了根据垃圾特点选择适宜工具的经验，比如清理比较软的东西，用小夹子和小耙子最方便；清理比较光滑的东西，用扫帚扫和用手捡最方便。由此可见，参与劳动的过程中，孩子们会自然地将生活中的劳动经验运用其中，并不断积累新的劳动经验。

当清理小狗便便的孩子真正戴着手套，拿着夹子工作起来的时候，孩子们发现小狗便便是不一样的，有的小狗便便比较松，夹几次便碎成了小块，非常不好清理；有的小狗便便比较软，一夹便便就断，还会把夹子弄得很恶心。当孩子一边清理一边苦恼的时候，老师戴着手套用纸把摊在地上的软便便清理干净了，孩子们相继发出“哇！”的惊叹声。西西说：“老师真厉害，屎㞎㞎都敢拿。”皮皮说：“我妈妈遛我家咖啡（小狗名）时也这样给咖啡收拾便便，但是我不敢，我觉得太脏了。”“你妈妈不怕脏吗？”彤彤问。“我妈妈说自己养的不会觉得脏，就像养我一样，收拾干净了就不会有人踩到，大家也会更喜欢你养的小狗。”皮皮说。豆豆说：“对，自己养的小狗就应该自己照顾。”回去之后，孩子们与其他组的小朋友分享了清理小狗便便过程中发生的故事，经过交流，孩子们一致认为养小动物就要全面照顾好小动物，包括收拾小动物的便便，不能给别人添麻烦。同时，孩子们还决定，为了让更多的人正确养宠物，要画一组海报，离园后到小公园讲给更多的人听。可见，清理小狗便便的过程，不仅让孩子们体会到了劳动的不易，认识到要珍惜他人的劳动成果，更让孩子们对如何保持身边环境的整洁有了思考并愿意努力付出行动。

由此可见，操作类的社群劳动能够带给幼儿更直观的感受，帮助幼儿积累更加丰富的感性经验，提高幼儿服务生活的能力。

（二）探究类社群劳动主题课程

探究类社群劳动主题课程主要是指借助社群资源，围绕某个主题进行的社群劳动。幼儿在自主学习、自主探索、自我建构的过程中学会发现问题、分析问题、解决问题，获得不怕困难、坚持、合作等良好品质。

生活中的探究无处不在，而社群劳动中的探究劳动，由于资源所建立的联系更加丰富，因此，幼儿在劳动探究过程中能够自然感受事物之间的联系，建立自身与周围世界的关系，理解事物之间相互影响的关系。

如社群劳动主题课程“给小苗搬家”就是孩子们在给新发芽的向日葵浇水时，发现很多向日葵小苗挤在一起引发的探究性劳动活动。当依依指着一棵斜到一旁的小苗对木木说“它被挤倒了”时，木木说：“真是，这棵也快倒了。”听到他俩的对话，旁边的小朋友也都观察起周围的小苗。一会儿功夫，就不断有小朋友说：“这棵也倒了，这棵也倒了。”“我们怎么能帮助小苗呢？”老师问道。“可以给它们找个支架，让它们靠在上面。”“旁边放上东西，是不是小苗就没地方长了？”“可以把它们分开，离得远一点就行了。”“对，分开就行了。”“怎么分呢？”老师问道。于是给小苗搬家的活动就开始了。

当孩子决定给小苗搬家后，一场关于怎么搬家、用什么搬家、搬到哪里的讨论就开始了。当讨论怎么搬家时，有的说：“直接拔出来。”有的说：“用小铲子把它们都挖出来，然后分开。”有的说：“搬哪棵就挖哪棵。”孩子们觉得大家说得都有道理，于是决定试一试。当孩子们看到被拔断的小苗时，个个都后悔不已。“为什么小苗会断呢？只有找到原因，我们才能真正帮助小苗成功搬家。”老师说道。听到老师的话，孩子们的脸色有了变化，开始表达自己的想法。“力气用大了。”“可不用力气拔不出来，我只用了一点力气它就断了。”刚才负责拔苗的欣欣说。“那就是土地太硬了，去年收萝卜的时候土地太硬，咱们很多小朋友都拔不动。”木木说。“对，我就拔不动萝卜，后来用铲子挖出来的。”

就这样，经过孩子们的讨论，总结出了给小苗搬家需要做的准备：给小苗浇水，而且要多浇水，让土地变软；准备好带尖的小铲子，用来帮助分离小苗；新的位置要能晒到太阳。当做足准备的孩子们真正行动起来时，还是遇到了很多困难，比如分离小苗的时候，有的小苗贴得特别近，用铲子根本无法分离，必须把整体都挖出来，然后用手拆开；新的位置旁边都有植物，挖坑要十分小心，才能避免弄伤旁边的植物；只有两棵苗，但是一棵小苗长得壮，一棵小苗长得较弱，就放弃分离等。可以说，给小苗搬家的过程中，孩子们遇到的每一个问题都是他们建构新经验的起点，他们通过分析问题，解决问题，积累了给小苗苗搬家、工具特点以及植物间相互影响的相关经验。

由此可见，探究类社群劳动能够充分发挥资源特点，让孩子们在劳动过程中解决问题，发现解决问题方法的多样性与适宜性，发现探究对象与周围事物的相互关系，不断激发幼儿的探究兴趣，发展幼儿的探究能力。

（三）情感类社群劳动主题课程

情感类社群劳动主题课程是指幼儿在参与劳动的过程中能获得道德感、价值感等方面情感共鸣的社群劳动活动。幼儿在亲身体验、实际操作中能够逐渐建立体会他人心情，理解他人想法、做法的意愿。

人们从事任何活动都会带着情感，也会在过程中产生新的情感。幼儿在参与社群劳动时同样如此。在情感类社群劳动中，幼儿能够感受到自己劳动的价值，增强自信心，萌发乐于为他人服务的愿望，理解节约、尊重、互助、奉献等品格的含义。

如在社群劳动主题课程“扫落叶”活动中，孩子们就进行了一场沉浸式保洁员体验。从户外活动开始，孩子们就分组在不同的区域清扫幼儿园内的落叶，树屋上、滑梯下、小车间、鱼池里都有孩子们的身影。为了把落叶清扫干净，孩子们把小车一辆辆搬开，清扫干净后再一一摆回；清理鱼池时，孩子们把小鱼池里的石头一块块捡出来，清理干净后再放回去；清洁玩具房时，孩子们细心地用小钩子把夹缝中的树叶一片片钩出来等。孩子们还时不时地互相交流一下各自的方法，比一比各自的速度。当孩子们即将胜利完工时，一阵风吹过，刚刚清理干净的地方又掉落了许多树叶，就连没有树的大门处也从外面吹进了许多叶子，但孩子们没有气馁，而是说：“刘老师能把幼儿园打扫干净，我们也能。”就这样，孩子们在反复清理落叶的过程中感受着作为保洁员的辛苦和伟大，获得了劳动创造美好环境的直观感受。

在社群劳动主题课程“清理小广告”活动中，孩子们通过共同努力遮盖住墙面上的广告字样，清理掉张贴在小区公园宣传栏上的宣传单后，纷纷露出发自内心的笑容，我们知道，孩子们已经感受到了清洁美丽环境带给人的美好心情，建立了爱护环境的意识，懂得了保持环境整洁的重要性，而这是任何生动的讲解和图画都无法带给孩子的。因此，活动后，孩子们又相继开展了“小小宣传员”和“送给社区的宣传板”活动，当居民朋友看到孩子们亲手制作的、写着“为了方便居民拿取使用，请将宣传电话印在小册子里，请将宣传单夹在活页夹里”的小巧宣传板时，纷纷赞叹不已。解决问题的方法多种多样，而孩子们在老师的引导下，分别站在居民和广告宣传员的两种角度上进行了思考，既解决了广告乱印乱贴的问题，又为广告宣传人员提供了广告的投放场所，满足了双方的需求。

看似简单的一次社群劳动，却让孩子们理解了如何在尊重的基础上解决问题，如何更好地传递爱护环境的思想，如何从自己做起，做环境的守护者，而这就是公德意识、美好品德的萌芽。

除此之外，照料性活动也常作为情感类社群劳动主题开展，培养幼儿关爱生命、关心老人等美好品德。统筹劳动教育与品德教育，如同“润物细无声”的浸润式渲染，有利于在潜移默化中帮助幼儿树立崇尚劳动的价值观。

（四）认知类社群劳动主题课程

认知类社群劳动主题课程是指幼儿在参与劳动的过程中能获得知识经验或应用知识经验的社群劳动活动。幼儿在劳动准备、问题解决、实际操作过程中能够通过感觉、想象、思维等方式获得相关经验。

认知伴随于各种社群劳动，每一种社群劳动都可以作为认知类社群劳动课程开展，一般是根据活动目标，形成重点突出的认知类社群劳动课程。但由于每种社群劳动活动的重点不同，活动开展过程中教师引导支持的侧重点也要有所不同。

如社群劳动主题课程“趣味健步走”活动，既可以作为探究类社群劳动，支持幼儿建构关于测量、规划、分工合作、活动组织的经验；也可以作为情感类社群劳动，支持幼儿建构关注社区居民需要、服务社区居民生活的经验；还可以作为认知类社群劳动，支持幼儿建构运用已有经验调研居民运动需求和组织居民运动的新经验。

活动中，孩子们首先计划了调查的方法，讨论了问卷标记、被调查者文字记录、绘画和符号记录及录音记录的优缺点，最后决定运用问卷和绘画符号标记的方式进行记录。原因是问卷可以直接把想到的内容都提前设计好，这样能够又快又直接地了解到居民的想法和需求，而绘画符号是幼儿常用的记录方式，自己能清楚地进行讲解，方便和其他组的小朋友交流。通过合作调查，最后孩子们发现居民喜欢简单的运动、能带着孩子一起进行的活动、不用等待的活动和有意思的活动。我们能通过这个过程看到，社区为孩子们提供了更多元的交流对象，孩子们在与不同年龄和性别的居民交流时要选择使用不同的称呼，这为他们积累了文明交流的经验。通过对调查结果的分析，孩子们了解到每个人都会有自己的想法，要想让每个人都满意就必须充分考虑到大家的意见，这帮助孩子们建立了关于组织活动的经验。

为了让更多的居民喜欢并参与到活动中，孩子们根据调查中了解到的居民需求，结合自己的游戏经验，设计了“趣味健步走”主题活动，通过在路途中设计不同的趣味游戏让参加健步走的每一位居民都体验到乐趣。当一位奶奶带着小孙女来到“手影大变身”游戏区时，小女孩不仅积极地和哥哥姐姐一起游戏，还有模有样地做动作让奶奶猜，玩得不亦乐乎，后来还拿着“表现棒棒”的大拇指道具，拉着奶奶一起走向下一个游戏区。因为整个健步走路线充满挑战和趣味，参与其中的每一位居民都积极地向孩子们表达了感谢，孩子们倍感自豪。我们能够看到，趣味健步走方案的设计是孩子们对已有经验的运用。孩子们有游戏经验，因此，能够结合居民的需求筛选出符合要求的游戏，达到满足居民需求的效果，对已有经验的运用帮助孩子们建立了针对性解决问题的新经验。

由此可见，认知经验涵盖多方面的内容，一个想法的表达、一个问题的理解、一个方法的运用，对于幼儿来说都是宝贵的认识经验。社区因其多元的资源优势，为幼儿提供了广阔的学习空间和丰富的学习内容。

三、课程开展的拓展性

社群劳动课程的丰富性决定着在活动开展的过程中会因孩子的兴趣和需要、问题和困难、收获和发现等引发出新的探究内容，形成更加深入的活动或产生新的活动，使得社群劳动课程在开展过程中具有很强的拓展性。

（一）由幼儿兴趣引发的拓展

兴趣和需要是动力的源泉，也是影响幼儿活动专注性和持久性的重要因素，教师要善于发现幼儿的兴趣和需要，支持幼儿展开活动。

在社群劳动中，幼儿常会因为对所做的事情、所使用的工具或周围的环境感兴趣，在劳动过程中不断交流或反复地操作实践、观察探索，此时，教师可以充分利用这个机会引导、支持孩子们展开他们所感兴趣的内容，丰富幼儿的经验。

案例：由“给社区健身器洗个澡”而引发的对“转动”现象的思考

在社群劳动“给社区健身器洗个澡”活动中，孩子们在擦到能够转动起来的器械时特别兴奋，一边擦一边玩，还互相比谁转的速度快。看到孩子们对器械的转动如此感兴趣，教师问道：“你的健身器是怎么转起来的？”听到教师的提问，孩子们赶快观察自己的健身器，“我的是用脚蹬着转起来的。”“我的是拉这两个手臂转起来的。”“我的是用手绕着转起来的，就像开车一样。”“我的是扶着中间的柱子用身体转起来。”“你觉得哪个转起来更方便？”教师继续问道。牛牛看了看大家的健身器说：“天天的最方便，脚一蹬就转起来了。”帆帆说：“对，天天的最方便，她蹬起来看着很轻松，我这个，身体不用力气都不动。”小米说：“对，我的这个胳膊得长，还得有劲才能转起来，所以我转得很慢。”石头说：“我的也得有劲才行，还得个子高，要不够不着拉手。”能够看到，虽然孩子们的主要任务是清洁健身器，但是当教师发现孩子对器械的转动感兴趣时，以提问的方式自然引导他们展开了交流话题，虽然教师没有任何评价，但是从孩子们的回答中能够知道他们自己已经在做分析比较了，从而建立了关于器械转动的经验。

由此可见，活动的展开是灵活的，并不局限于一个完整的或新的、独立的活动。上述案例中的活动是围绕孩子们感兴趣的一个话题的展开，它还可以是对孩子感兴趣的一个材料的展开、孩子需要的一个方法的展开等，我们需要关注的不是展开的形式，而是要具备敏锐捕捉孩子兴趣需要的意识和能力。

（二）由幼儿问题引发的拓展

《3—6 岁儿童学习与发展指南》指出：幼儿的学习就是幼儿通过自己特有的方式与周围环境互动的过程，是幼儿主动地探索周围的社会环境、自然环境和物质世界的过程。教师要善于利用幼儿在探究中遇到的问题、困难，推动幼儿深入活动。

社群劳动中，教师可以借助幼儿在与环境、材料的互动过程中遇到的问题和困难，引导幼儿在问题情境中学习，推动幼儿将遇到的问题和困难与已有的知识经验联结，将其转化为自己的新经验。

案例：清理鱼池

在社群劳动“清理鱼池”中，教师发现孩子们在小鱼池中清洗石头时，总是出现有的石头被反复洗、有的石头被落下没洗到的问题，便引导幼儿思考：“所有的石头都洗干净了吗？你是怎么区分的？”当听到第一个问题时，孩子们异口同声地回答：“都洗干净了。”但听到第二个问题时，孩子们沉默了，因为石头都在一起，没有区分过。但是孩子们很快想到了办法。松果说：“分堆放就行，咱们先把洗过的放在水车这边，没洗过的放在另一边。”松果的方法得到了大家的认可，大家迅速动起手来，可是还没分多久，孩子们就发现了问题：水池里都是石头，因为没有空余的地方，所以怎么分都是乱的。米粒说：“这样不行，没有地方放，分不开，而且石头都湿了，不仔细看都看不出来是不是已经洗过，刚才糖糖就扔过来好几块没洗过的。”“怎么解决没地方放的问题呢？”老师接着问道。“放到上面吧。”珠珠说。“对，咱们把洗过的都扔到上面。”可可赞同地说道。皮皮说：“可是一扔不是又脏了么，不就白洗了。”可可说：“那咱们就放小桶里运到上面，这样就不脏了。”经过反复讨论，孩子们最后决定把石头都先清理到上面，然后一部分小朋友负责洗石头，一部分小朋友负责清洗鱼池，这样哪里都能清洗干净，洗后的石头还可以晒晒太阳。当我们有意识地引导孩子们思考问题，他们就会主动思考、分析方法是否恰当，从而得到最佳方法。

由此可见，支持孩子们深入活动，关键是引导他们深入思考。当孩子们围绕问题积极想办法解决，围绕彼此的想法积极分析时，他们通过思考、合作所获得的经验比直接获得的操作方法更有价值。

（三）由幼儿的收获和发现引发的拓展

幼儿经验是活动开展的重要依据和必要准备。幼儿的新经验是在已有经验的基础上通过直接感知、实际操作、亲身体验建构起来的。充分认识并发挥幼儿的已有经验拓展活动，能够激发幼儿参与活动的兴趣和深入活动的动力。

幼儿能够在社群劳动中积累多元的经验，也会在劳动过程中有各种各样有趣的发现，教师可以充分借助这些收获、发现，不断拓展幼儿的活动内容，满足不同幼儿的需要。

如活动“玩具运输员”就是依托社群劳动“被子旅行记”中幼儿所建构的运送被子的经验拓展形成的。孩子们在分享运被子的经验时总结道：斜坡方便从高处往低处运送；小单车运送快，但运得少；大板车一次运送得最多，推起来也轻松；滚筒车上面需要放一个板子或梯子避免被子漏下去。听到孩子们的表达，教师知道，他们已经积累了丰富的“运输经验”。于是教师问道：“如果每天运送玩具材料的任务由咱们班负责，怎么运更方便？”“轮胎、油桶直接推着走。”“沉的果冻墩、大型积木用平板车运。”“软的垫子可以直接用滚筒车运，不用搭板也掉不下去。”“梯子、板子两个人抬着走。”孩子们把想到的材料以及使用的方法都进行了交流，通过比较梳理，他们设计出了分组、分类、分场地负责的方法进行运送，并制作了运送记录表，通过记录运送的内容、数量、次数、使用的方法来检验运送方案是否合适，就这样，“玩具运输员”活动开始了。在这个过程中能够看到，幼儿对运输工具的认知成为了幼儿设计玩具运输计划的经验支撑。这说明在孩子们已有经验上引发思考，能够自然形成新的活动内容。

教师是幼儿活动的支持者、合作者、引导者，教师只有能够有意识关注幼儿所收获的经验和有价值的发现，才可能会为幼儿搭建桥梁，拓展活动内容。

第四章 幼儿园社群劳动课程的实施与实践

第一节
幼儿园社群劳动课程的实施策略

一、通过一日生活，培养幼儿的劳动意识

幼儿每天有一大部分的时间都是在幼儿园度过的。而在幼儿园中，一日生活又是培养幼儿劳动意识和良好行为习惯的最重要的活动部分。激发幼儿的劳动兴趣或者劳动热情仅是劳动意识培养的初级阶段，要想使幼儿的劳动兴趣或者劳动热情不那么快地消退下去，就要运用恰当的方法，循序渐进。

在一日生活中，我们注重贴近幼儿生活的劳动过程，如早晨来园后，老师腾出一段时间带领孩子一起搞卫生；午睡后带领孩子一起整理床铺；进餐前让孩子帮忙分发碗、勺；离园前带领孩子一起拣纸屑、整理活动室等。这样可以培养幼儿爱劳动、主动参与劳动的意识，并让幼儿不断地保持劳动意识。需要特别注意的是，切忌在幼儿劳动时泼冷水，比如在家庭生活中，父母看见幼儿洗衣服，说一些让孩子扫兴的话："好了，好了，越帮越忙，手帕没洗干净，衣服又给弄脏了。"这样的话会打消幼儿干家务的积极性。正确的方法是当发现孩子感兴趣的劳动时，鼓励幼儿尝试，并教给幼儿一些简单的方法；事情做完后，要检查并给予评价，以表扬为主，允许失败，并要和幼儿一起分析失败的原因，要为幼儿参加劳动而感到高兴，这样孩子的劳动热情才能持久。

二、通过区域活动，放手让孩子去做力所能及的事

真正的放手是从家长、老师的角度来说的，家长、老师要尊重幼儿、相信幼儿，为幼儿提供适当的劳动空间和劳动机会。在成人的引导下，幼儿是有潜力做到

的，并且家长和老师要用发展的眼光看待幼儿，相信幼儿可以在某一项工作上越练越好。家长和老师要先在教育观念上有正确的转变，再去培养幼儿的自我服务意识。家长和老师要本着“大人放手，幼儿动手”的原则，培养幼儿的自理能力，不再事事包办代替，引导幼儿自己的事情自己做，包括吃饭、睡觉、洗脸、洗手、刷牙、穿衣服、叠被子等。家长、老师与幼儿之间就会在幼儿劳动方面更融洽和谐地相处。

美国心理学家和行为科学家斯金纳的实验发现，当幼儿完成一项工作后，如果我们给予幼儿适当的肯定和赞赏，他们会感到无比的兴奋和快乐，幼儿的自信心也会增强，这时幼儿会增加受到表扬的行为的次数。这样的正强化可以不断鼓励幼儿进行劳动，让幼儿喜欢劳动。此时，再让幼儿逐渐了解劳动是人类生活的第一需要，收获劳动的成果，从而体验到劳动带来的欢乐，就可以潜移默化地在幼儿心中种下一颗热爱劳动的种子。

1. 积少成多，拓宽幼儿的劳动认知

幼儿劳动能力的培养离不开对劳动的认识与了解，也离不开对劳动知识的学习与积累。在幼儿园一日生活中，教师不能错失任何一个教育幼儿的最佳时机。例如，早上入园时，教师观察每一位小朋友，选出自己背书包的小朋友并在上午活动时进行集体表扬，其他小朋友会纷纷自觉地向自理能力强的小朋友学习。再如，用餐前，教师为小朋友报菜名，同时详细介绍一种蔬菜的播种、收获、制作过程，引导小朋友了解并体会蔬菜的来之不易以及农民伯伯和食堂叔叔阿姨的辛苦，从多个角度拓宽幼儿对劳动的认知。拓宽幼儿对劳动的认知，一方面可以满足幼儿的求知欲和对事物的好奇心，增强幼儿的自信心和成就感；另一方面可以激发幼儿的兴趣，真正地为幼儿劳动打下良好的基础。

同时，幼儿的成长离不开家庭，家园共育永远是幼儿成长与发展路上的助推器。家长在家庭中也要积极配合，支持幼儿园的教育内容，在家庭生活或者户外游玩、社会交往中抓住教育时机，用孩子喜闻乐见、简单易懂的方式向孩子介绍劳动的奥秘。比如在家中，妈妈叠衣服时，如果孩子感兴趣，可以让孩子也试一试，如果幼儿能力还未达到，或者兴致寥寥，可以使用一些道具和材料来激发幼儿兴趣，如简易的衣服折叠板等，他们受材料的吸引会开始加入劳动，并在过程中越来越熟练，玩得不亦乐乎，同时也收获了成就感和自信心。

总之，幼儿对劳动的正确认知是幼儿劳动能力提升的基础，老师和家长都要遵循幼儿身心发展的特点，不遗余力地关注幼儿的成长与发展。

2. 熟能生巧，增加幼儿的劳动机会

“纸上得来终觉浅，绝知此事要躬行”，幼儿劳动教育同样符合“实践出真知”这个道理。任何事，只有幼儿亲自去做，才会有真切具体的收获，才能真正体现出幼儿的能力水平。在幼儿园，教师要做的就是处处留心观察，发现幼儿的成长需求，发现幼儿的好奇心与兴趣所在，集众多教师的智慧为幼儿感兴趣的主题创设环境、设计活动、搭建支架，为幼儿提供可行的劳动体验机会。

我们幼儿园在幼儿劳动教育实践上做了大量的尝试，处处都体现着教师为幼儿提供劳动体验机会的良苦用心。

案例片段：绿色出行，从我做起

户外游戏时，五六个小朋友双手抱着球，站在操场旁边，目不转睛地看着栅栏外面。原来在操场旁的道路边，有三位身穿马甲的社区工作者正在摆放共享单车，边摆还边说着："唉，怎么这么多自行车乱停乱放，真没有公德心。"多多抱着球，手指着社区工作者说："你们看，穿着马甲那些人是谁呀，他们在干什么呢？"

大家顺着他的手看过去，奇奇说："肯定是这些车挡路了，旁边的奶奶都走不过去，叔叔阿姨把它们挪开呗。"多多又问："那这么多自行车挡路，要把它们搬哪里去呀？"明明说："我知道，我妈妈经常骑这些共享单车，告诉过我，要把它停在白色线里，那地上画着自行车，那才是停公用自行车的位置。"

这时，一位社区阿姨抬起车座，费劲地将共享单车缓慢地移动到了对面白色区域内。多多说："这些共享单车都锁着呢，也太不好推了吧。"旁边的小朋友纷纷点头，看着社区工作人员一趟又一趟地搬运共享单车。奇奇说："叔叔阿姨们太辛苦啦！要是骑车的人都把车骑到专门停车的位置，那就不会碍事啦！"旁边的小朋友们都在说："叔叔阿姨们太辛苦啦！"站在一旁的明明说："可不是么，那我们也来想想办法，帮帮他们吧。"果果高声说道："走，我们快去找老师说说。"

小朋友们赶紧跑过来围着老师，你一言我一语讲述着他们的发现。老师说："好呀，这些共享单车停在我们幼儿园外面，让整个小区出行不便，那我们一起回去和大家商量一下，看看可以怎样帮助社区。"

大家回到班级后，都迫不及待发表着自己的想法："咱们可以出去帮叔叔阿姨一起搬，人多力量大。""可以提醒那些骑车的人把车放到指定停车地点啊。""地上标志不明显，咱们弄个大海报，一看就是停车地点，怎么样？"……接下来大家说干就干，"拯救社区共享单车"计划就这样开始了。大家一起商讨，决定先绘制共享单车提示牌，有摆放在专门地点的立式提示牌，也有可以挂在自行车上的提示牌。"立式提示牌相对大一点，只需要一个就够了。"根据蒙蒙的这个提示，朵朵说："我会写字，我可以写上'单车停放地点'。"文文举手说："我会画自行车，我也可以。"多多说："那我来涂色。"大家相互结队，选取了不同的绘制材料，紧锣密鼓地开始绘制海报。大家合理分工，有的绘制大提示牌，有的制作小提示牌。

经过小朋友们的认真创作，立式提示牌和每辆车的小提示牌很快就制作完毕。可是又遇到了新的情况，大的提示牌可以放在画架上进行展示，而小的提示牌该怎么办呢？多多说：“咱们用胶粘在车把上。”奇奇说：“不对不对，我觉得应该粘在脚撑上，一停车就看见了。”多多：“你说的才不对呢，车把在前面，更容易看到。”朵朵说：“咱们贴自行车上不太好吧！妈妈说过不可以随意乱贴的。”多多和奇奇听到后，沉默不语。文文走到美工区，左翻翻右看看，拿着胶条、打孔器、线绳，开心地伸出手来和大家说：“咱们可以让老师帮忙系绳子，挂在车上，也可以用胶条粘在脚撑上。”大家拍手叫好，就开始分小组了，老师问：“明天我们给社区叔叔阿姨帮忙，你们准备一起做什么呢？要先想好，不然到了外面可就手忙脚乱了。”“有挂提示牌的，有立提示牌的，有帮叔叔阿姨一起搬车挪位置的，有像警察叔叔一样指挥停车的，还有擦车座、清理车筐的……”“拯救社区共享单车”原来有这么多的小任务，大家和好朋友自由结成小组，还起了响亮的名字、派选了小组长，有“擦干净”队、“奥特曼”队、“小检察员”组……

孩子们就这样浩浩荡荡地带着材料，跟着社区叔叔阿姨一起出发了。立式指示牌的“喜羊羊”小队来到专门停放共享单车的位置，认真比对，挑选了挨着大树、不挡路的地方，共同合作摆放好共享单车。擦车座、清理车筐的小组一排一排地走，有戴手套捡废物的，有拿垃圾袋装的，有拿抹布擦的……小朋友们分工明确，一辆车都不放过。“小小检察员”组戴着袖箍站在操场外边最容易乱停乱放的位置，提示大家要去对面停车。挂提示牌的小组，和老师仔细研究了一下，脚撑处不易放置，最终还是一起在车把处挂上了小提示牌。最辛苦的莫过于挪车的“奥特曼”队，都是班级里有力气的男生，和社区叔叔阿姨共同挪车，自行车上的锁很沉，车很不好挪，于是大家从开始的两人一组逐渐到四人一组，分别站在车旁的各个位置，扶车把、抱车座，小伙子们都出了汗。劳动结束后，大家兴奋地看着整齐的共享单车和车上的小提示牌，社区的叔叔阿姨也连番夸奖，小朋友们手舞足蹈。

能够通过自己小小的力量，帮助社区，帮助居民，真是快乐充实的体验。希望更多的人能够看到小小提示牌，它或许不那么精美，却承载着小朋友们的爱心与希冀，即能够让骑车的人遵守规则，有序停放。

这个活动介绍到这里并没有结束，后续还生发了新的问题、新的活动。老师们始终抓住教育机会，为孩子们答疑解惑，激发着孩子们解决问题的奇思妙想，支持着孩子们能力的展现与提升。劳动教育只有落在实处，为孩子们提供踮起脚尖就能够到的任务机会，才能真正地培养孩子的劳动能力，才能让孩子们在一次次活动中有进步，有提升。

雨果说：“未来将属于两种人：思想的人和劳动的人。”实际上，这两种人是一种人，因为思想能够创造未来，勤劳可以改变命运。苏霍姆林斯基说过：“劳动以外的教育和没有劳动的教育是不存在也不可能存在的。”通过劳动教育，幼儿能够理解和形成“劳动最光荣、劳动最崇高、劳动最伟大、劳动最美丽”的观念，体会劳动创造美好生活，认识到劳动不分贵贱，同时热爱劳动、尊重普通劳动者，培养勤俭、奋斗、创新、奉献的劳动精神，具备满足生存发展需要的基本劳动能力，形成良好的劳动习惯。任何忽视劳动的教育都是畸形的教育，因此，好的劳动教育需要幼儿尽早参与劳动，在劳动中促进幼儿的个性发展。教师应注重劳动教育的普遍性、经常性、连贯性、多样化，注意劳动的适宜性，使劳动具备游戏性和创造性。这样目标明确的劳动教育有助于幼儿从小树立正确的劳动观念，懂得劳动的教育意义和社会意义，培养他们热爱劳动和热爱劳动人民的情感，养成劳动的习惯，形成以劳动为荣、以懒惰为耻的品质，抵制好逸恶劳、贪图享受、不劳而获、奢侈浪费等恶习，为成为有用之才打下坚实的基础。

三、通过环境创设，为幼儿提供必要的劳动条件

儿童是在与周围环境相互作用的过程中获得成长的。为了使劳动课程能够顺利开展，在环境中提供必要的劳动条件是非常重要的。比如在班级的各个游戏区域中，就蕴藏着强大的劳动工具后备力量，美工区的胶条、胶水、绳子、茅根、各类纸张，建构区的各式积木，益智区的各种零件，生活区的抹布、喷壶，木工坊的各类工具，都是向所有幼儿随时开放的，以便他们在社群劳动中随时取用。劳动条件包括但不限于劳动工具、劳动空间、劳动技能等。

例如在“我们的后花园”这一活动中，教师在户外时间带领幼儿来到幼儿园外的大草坪上，教师通过提问引发了幼儿之间的讨论与思考，让幼儿产生了“要清理并保护草坪”的劳动意识。孩子们自发利用美工区的纸板和彩笔、木工区的木板等劳动工具，制作了保护草坪的提示牌，在活动中，幼儿也体验到了主人翁的成就感与快乐，感受到了劳动的成功和喜悦，同时幼儿的动手能力和空间思维能力也能得到充分的锻炼。创设环境，激发幼儿的讨论与思考，从而激发幼儿自觉的劳动意愿，这其中深藏着教师们丰富的教育智慧。

案例：好玩小吃店

依托主题，中二班的孩子们进行了一次“好玩小吃店”的区域创设。创设源于幼儿生活中的经验及兴趣，中三班的幼儿很喜欢北京小吃，对小吃店也有一定的前期了解。教师精确地捕捉到了这一点，结合幼儿年龄特点和《指南》，进行“目标化的活动区”创设，在提高幼儿解决问题能力的同时，也更大限度地满足幼儿社会交往的需要。

初步了解，协商准备

开店就要有名字，争执不下怎么办？经过协商，幼儿采取了店名轮换的方式。之后，孩子们也迁移已有经验，共同讨论，协商角色，明确职责，并根据不同角色分工准备了丰富的材料。

区域空间，巧妙规划

创设过程中，教师与幼儿本着开放、自由、真实的原则创设环境。鼓励幼儿将亲身经历的生活经验迁移到角色区域中，根据不同角色进行场地的布置和基础配备的划分。

结合班级实际情况，利用公共资源，如楼道、走廊，同时巧妙地利用班级“窗台”“小门”与“物品柜”的位置，分别创设了服务区、收银区、厨房区，便于幼儿操作和教师观察，也方便与其他班级幼儿进行互动。此外，孩子们还通过试营业，实地检验区域规划是否合理。孩子们自主小结得出：客人的座位离小吃店要近；地方大，可以加椅子；间距要方便客人走动……

就这样“带着轱辘的小餐厅”就开始运营了。服务员会根据客人的人数随时变换餐厅，人少时，餐厅便移动到盥洗室；人多时，又会移动到睡室。聪明的服务员还找到“娃娃家”的小铃铛，放置在餐桌上，客人有需求时，可以拍打铃铛，听到声音后，他们就立刻上前去服务。除了餐厅，随着游戏的不断开展，小厨房也细分了前厨和后厨。

可见，在变化区域时，教师本着“随时调整，不固定”的理念，巧妙利用空间，使每个小区域不仅能有不同的功能，还能相互联系，满足幼儿表现与创造的愿望。

除了班里区与区之间的联动，还有班级间的合作。

大班小朋友来到小吃店，体验制作豆浆，他们的肌肉更加灵活，力量也更大，三下五除二便能研磨出厚厚的豆沫。在后期制作难度较高的豆花时，大班的哥哥姐姐也能热心参与到游戏当中，帮助我们小厨师称量豆子，与班中幼儿合作，共同制作美食。

小班小朋友来到小吃店，班中幼儿便开始学着照顾弟弟妹妹。他们请小客人品尝北京小吃，教弟弟妹妹使用石磨磨豆子，小班弟弟妹妹也模仿哥哥姐姐们操作的样子，学习着制作豆浆的方法和技巧。在游戏结束后，班中幼儿还会送弟弟妹妹回班。

小吃店给予了幼儿充分的探索空间，幼儿在角色环境中与同伴进行讨论、合作，在不断探究和调整区域环境的过程中使环境变得更加开放，进而加强了幼儿与其他班级幼儿的合作。他们在丰富经验的同时，更学会了相互关爱和陪伴、相互学习和成长，最终共同进步。

四、通过家园配合，共同培养幼儿的劳动意识

家庭和幼儿园是幼儿生活、学习的主要场所。要使幼儿健康成长，幼儿园的教育很重要，幼儿园有专业的教师、先进的教育理念、系统的教学内容和丰富有趣的教育方法，同时幼儿园有可创设的教育环境，为幼儿的发展与成长提供坚实的教育基础。父母是孩子的第一任老师，家庭教育对孩子一生的发展都起着不可忽视的作用。家庭教育和幼儿园教育应该相互配合，家长参与幼儿园教育，幼儿园要争取家长的配合和支持，在保质保量地完成教学任务的同时，帮助家长提高教育能力。只有当幼儿园与家庭教育理念一致，家园教育的力量形成一股合力，才能将教育效果发挥到最好。幼儿园与家庭可以利用“成长天地”“家园通道”“家长调查问卷”等方式来进行沟通及互动，转变家长特别是祖辈传统的教育思想，提高家长对劳动教育的认识，从而形成共识。

我国现代著名教育家蔡元培说：“劳动是人生一桩最紧要的事情。”幼儿教育中，劳动教育不可忽视，培养幼儿的劳动意识是开展幼儿劳动教育的第一步，做好这个工作才能进一步为幼儿真正地进行劳动打下坚实基础。

苏霍姆林斯基曾在《要相信孩子》一书中提到：“儿童的心灵是敏感的，它是为着接受一切好的东西而敞开的。如果教师诱导儿童学习好榜样，鼓励仿效一切好的行为，那么，儿童身上的所有缺点就会没有痛苦和创伤地、不觉得难受地逐渐消失。”而幼儿天性好模仿，幼儿身边人的一举一动、一言一行都会对他们产生潜移默化的影响。如当幼儿看见生活老师分餐，一个个空的小餐盘变得满满当当，散发着馋人的饭香味时，幼儿也是跃跃欲试的，这时可以请某个幼儿做分餐值日生，帮助生活老师分发餐具；当幼儿看见家长在洗衣服，对搓出好玩的肥皂泡泡感兴趣时，家长也可以引导幼儿一起参与洗衣服，带领幼儿洗一洗自己的小手帕、小袜子等；当幼儿对家长扫地感兴趣时，成人可以教他怎样扫地才会扫干净；当孩子对上街买东西感到很神秘又愿意去尝试时，就可以带孩子去买东西，并教孩子算数、付钱……相信这样的劳动机会在生活中一定还有很多。

总之，幼儿园开展社群劳动教育，应当根据幼儿的年龄特点选择适合的劳动内容，将劳动教育渗透到一日生活的各个环节中，也可结合综合主题活动、区域活动等多种形式进行开展，在潜移默化中促进幼儿劳动习惯的养成，提高幼儿的劳动技能，帮助幼儿形成良好的劳动品质。

第二节
班级场景下的社群劳动课程实践

班级是幼儿园的基层组织，是实施幼儿园保教任务的基本单位。对幼儿而言，班级是最具体的生活环境，他们的大部分活动都是在班级内进行的，因此，班级对幼儿的发展具有最直接的影响，幼儿的健康成长直接取决于班级保教工作的成效，一日生活中的每个环节其实都蕴含着许多社群劳动的契机，需要我们教师运用教育智慧去发现、去挖掘，同时也需要我们在这个过程中更多地去观察儿童、尊重儿童、理解儿童、支持儿童。下面我们就从幼儿园四大活动（生活活动、集体活动、户外活动、区域活动）的角度切入，看看班级中可以碰撞出哪些社群劳动的火花。

一、生活活动环节的社群劳动

课程的本质决定了课程的内容来源于生活，就像张雪门先生所说的，课程从生活而来，从生活而开展，也从生活而结束。生活活动环节是幼儿园一日生活中的重要环节之一，包含饮水、进餐、盥洗、如厕、午睡以及各种过渡环节，是幼儿自由度较高、更贴近幼儿真实生活的部分。由此可见，生活活动环节蕴含着丰富的劳动契机，各式各样的劳动都自然地发生在生活活动环节中，比如穿衣穿鞋、整理衣物、整理小被子、擦拭桌椅等，既有自我服务类的劳动，也有服务他人的、具有社群性质的劳动。这些劳动直接影响儿童的生活，使儿童在服务自己与他人的过程中逐渐培养自身良好的生活习惯、自理能力，塑造着劳动价值观。例如，中班、大班的值日生制度，内容包括擦桌子、分发碗筷、帮助小朋友放袖子等，就是很常见的为他人服务的社群劳动。值日生大多是轮流担任的，让所有人都能有机会为他人、集体服务，这种劳动有明显的利他性。

案例：我是小小值日生

孩子们升入中班以后，在外形和能力方面都有了明显的变化，产生了帮助别人的愿望，尤其是在发现班级小伙伴需要帮助或班级物品需要整理的时候，孩子们表现出极大的参与热情，帮助别人后也能获得内心的满足与喜悦。

值日生工作的开展激发了孩子们参与劳动的积极性，锻炼了孩子们独立生活和做事的能力，增强了他们的责任心和集体观念，但在值日生工作的过程中也会遇到烦恼……

摆勺组：我不知道勺子放在桌子哪里？

放袖子组：我放袖子的时候，里面的衣服总是放不下来。

检查洗手组：我让他们按照七步洗手法洗手的时候，他们总是不听。

面对这些烦恼，孩子们会用什么办法解决呢？

琳琳："可以请老师教我们。"

果果："我觉得放袖子的时候可以学老师的样子，从最里面的那层开始放。"

琪琪："小朋友记不住洗手的顺序，我可以在旁边和他们一起说儿歌。"

乐乐："我觉得勺子可以放在中间一点的位置，要不小朋友坐下的时候就会掉下来。"

嘉嘉："袖子拽不下来的时候可以蹲下来，这样袖子就好放了。"

生活活动环节中的值日生工作，提高了幼儿独立生活和做事的能力，帮助儿童学会正确看待自己的能力，学习一些劳动技能，养成认真做事的习惯，做事有信心、有毅力，积极地动脑思考，能够有效树立自信，培养良好劳动习惯，增强集体意识，培养社会交往能力、社会责任感、动手实践能力，让孩子在生活中得到学习与发展。他们也在慢慢地去思考如何用自己的方法去帮助别人、服务别人，真正将社群劳动融入班级活动中，增强了儿童的集体观念和荣誉感，促使其表现出更多的利他行为。在社群劳动中，儿童需要面临更多复杂的问题，例如态度、效率等，也会涉及到其他儿童对自己的评价。同时，他们也产生了更加浓厚的为他人、为集体服务的愿望，并且在劳动中发展出更全面的能力。此外，值日生工作还可以延伸到家庭教育中，儿童也开始为家人做事情，从给父母捶背、端茶、拿拖鞋，到擦桌子、套枕套、叠被子、洗碗，他们不但提高了动手能力，而且更加热爱自己的家庭和家人。

二、集体活动环节的社群劳动

集体活动是幼儿园班级中全体幼儿集体进行的活动。它是幼儿园教育的重要组成部分，是在整个班级或者部分集体参与的情况下，通过共同合作完成任务，达到共同目标的一种活动形式。在集体活动中，全体幼儿集思广益，共同完成任务，不仅能够提高幼儿们的团队合作能力，还能够增强他们的集体荣誉感。在集体活动组织开展的过程中，幼儿们需要相互配合、相互协作，共同完成任务。在合作的过程中，幼儿们会遇到各种问题，需要他们共同协商解决。这样的合作过程不仅能够帮助幼儿们提高解决问题的能力，还能够培养他们的合作意识，他们会不断地体验到合作的乐趣和成功的感觉，这种体验能够激发幼儿们的内在动力，让他们更加积极地参与到集体活动中来。

案例片段：我们的鹦鹉朋友

班中的宠物乐园从中班初期开始，在孩子们兴趣的推动下已经开展了两个多学期。第二学期，孩子们陆陆续续又将自己的小宠物带回到了幼儿园中。当然，其中也包括智清新带来的两只凤头鹦鹉。

小朋友们对鹦鹉的探究热情日趋高涨。不仅每天都惦记着小鹦鹉的饮食、游戏，还关心起了小鹦鹉的卫生健康。

一天，智清小朋友带来了一个直径大约20厘米的外卖盒子，对着小朋友们炫耀说这是他给小鹦鹉准备的浴缸。听罢，几个好朋友十分好奇地围过来想一探究竟。智清解释道，爷爷刚买鹦鹉的时候，卖鹦鹉的叔叔说小鹦鹉要定期洗澡，否则羽毛里会滋生细菌。一听说要给小鹦鹉洗澡，孩子们的意见又不统一了。有的人表示天气太凉，小鹦鹉洗澡会感冒的；还有的人说："我洗完澡，妈妈都会用吹风机帮我把头发吹干净，咱们班也没有吹风机呀。"更有甚者说："小鹦鹉不会游泳，洗澡会淹死的。"智清听罢小朋友们的一言一语，不紧不慢地说："我昨天在抖音上察看，小鹦鹉洗澡的时候是不会淹死的，而且他特别喜欢洗澡。"这个时候，汤圆提出了自己的疑惑："那咱们也不会给小鹦鹉洗澡呀？""这个你不用担心，小鹦鹉自己会洗澡，它还会把自己的羽毛梳理整齐呢。"智清充满自信地对大家说。看着孩子们既担心又好奇的表情，我坚信这将是他们又一次开启探究之旅大门的时刻。

我悄悄地观察着孩子们的一举一动，细心地聆听他们的一言一语。

这时智清端起小浴盆直奔水龙头去接水。细心的汤圆不断地提醒："还是少接一些水吧，咱们先试一试，万一小鹦鹉被淹着呢。"智清点了点头，当水面刚刚没过盆底，智清赶快关掉了水龙头。当智清刚要把澡盆放进鸟笼的时候，安然一下子摁住了智清的手，"等一下，"他边说边把手伸进了浴盆中，"这个水太凉了，小鹦鹉洗了会感冒的，咱们应该去接盥洗室里的温水。"他赶快端起浴盆，又重新换了一盆温水。这下孩子们都放心了。智清小心翼翼地将浴盆放进了鸟笼里。

孩子们担心小鹦鹉洗澡的时候会发生意外，所以大家悄悄地蹲在不远的地方，小心翼翼地观察着。没过多久，小鹦鹉便跳进了浴盆里，用小嘴巴不断地啄里面的水，还时不时地在后背上面、翅膀下面蹭一蹭。看来小鹦鹉真的很喜欢小朋友们为它准备的小浴缸，也十分喜欢洗澡呢！看到这一幕，旁边的小朋友们都十分激动，但是他们不忍心发出任何响动，怕惊扰到小鹦鹉。只见他们相互比着“耶”，还有的小朋友给智清竖起了大拇指。我从他们上扬的嘴角中看出了孩子们的喜悦与满足。

三、游戏活动环节的社群劳动

游戏是幼儿的基本活动。幼儿园的活动方式以游戏为主，游戏与劳动也是息息相关、密不可分的。儿童的劳动带着游戏的精神和趣味，因而变得更加有乐趣，更加生动活泼。同时，他们也能够在劳动的过程中学习知识与积累经验。

案例：拯救蔬菜

为了拯救蔬菜，孩子们搭建了暖棚，但发现大棚没有门。于是，老师组织了一次圆圈会议，让孩子们围成一个圆圈，用传递帽子的方式，让每个孩子都有机会发言提出自己的解决方案。当帽子传递到某个孩子时，该孩子可以提出自己认为适合作为大棚门的材料，如木头、塑料薄膜、竹子或窗帘布等。提出方案后，孩子们可以就这个方案进行讨论和投票，最终选出最适合的方案。通过投票，“窗帘门”以10票获得了胜利，“制门行动”开始了……

孩子们根据选出的方案制作窗帘门。首先，他们需要测量大棚的尺寸。然后，剪裁相应的窗帘布。接着，他们需要将窗帘布缝制成门的形状，并安装上合适的配件，如拉手和挂钩等。在制作和安装过程中，孩子们需要合作完成任务，并注意安全和卫生问题。

“拯救蔬菜”行动可以提升孩子们的环保意识，促进他们动手能力、社会交往能力的发展。首先，通过游戏的方式，幼儿可以更好地理解和掌握垃圾分类的知识和技能。这种教育方式比传统的讲授方式更加生动、有趣，能够吸引幼儿的注意力，提高他们的学习兴趣。此外，拯救蔬菜游戏还可以促进幼儿动手能力和自理能力的发展。在游戏中，幼儿需要亲自参与制作窗帘门的过程，这有助于锻炼他们的动手能力和自理能力。最后，“拯救蔬菜”游戏也可以增强幼儿的社会交往能力。在游戏中，幼儿需要与同伴合作完成任务，这有助于培养他们的团队合作意识和沟通能力，同时也可以让他们更好地适应集体生活。

四、区域活动环节的社群劳动

幼儿园区域活动是一种重要的儿童自主活动形式。它是以快乐和满足为目的，以操作和摆弄为途径的自主性学习活动。儿童可以根据自己的兴趣需要和发展水平，选择区域、材料和玩法，大胆地与同伴交流。

案例：山楂红了

幼儿园里的山楂红了，孩子们发现后，迫不及待地想营业起自己班的角色区——山楂店。

切山楂

在切山楂的过程中，孩子们有的选择用刀子切，有的选择用去核器夹开山楂，这时元宝冲着老师说："老师，这个山楂核太不好抠了。"老师上前一看，原来是山楂切的位置不对，太靠上了，导致山楂核还藏在山楂里面被果肉包围着，所以不好去核。然而，老师并没有把答案告诉他，而是请他自己想办法解决。"元宝你看山楂核在山楂的上面、下面还是中间？"元宝不假思索地对老师说："山楂核在山楂的中间。""那你切山楂的时候怎样切才方便去核呢？"元宝恍然大悟："我知道了！应该切山楂的中间！"为了能够帮助其他小朋友吸取元宝的这个经验，老师还请元宝把刚才遇到的问题以及解决的方法分享给了班里的小朋友。

为了能够快速把店铺开起来，孩子们决定回家调查开山楂店都需要什么。通过调查得知：山楂店需要员工（服装、口罩、手套），需要很多的山楂，还需要有盘子、签子、糖、案板、电磁炉、盆、桌子、椅子、去核器、菜单。

知道需要什么材料以后，孩子们就开始去收集了。他们找幼儿园的食堂老师借到了电磁炉、盆、盘子、糖，接着又去订购了一些材料：签子以及去核器。

制作糖葫芦

接下来就是制作糖葫芦了，孩子们了解到制作糖葫芦也不是一件简单的事情，第一步需要把山楂洗干净，第二步需要将山楂切开去核，第三步需要串山楂，第四步需要熬糖。经过我们共同协商，暂确定后厨人员为：两位切山楂去核的员工，一位串糖葫芦的儿童，由于熬糖需要用电，该任务交给经验丰富的董老师。此外，我们在前台安排了一位收银员，同时也负责点餐。

终于，我们山楂店正式营业了，花卷冲着串糖葫芦的一一说道："一一，客人需要一串橘子山楂糖葫芦。"一一听到以后爽快地答应了，于是开始一顿操作，先是到货架上拿来一个橘子，将橘子皮剥完以后就开始串上串了。一个橘子一个山楂、一个橘子一个山楂，非常有规律。老师将一一串好的糖葫芦拍下来分享给小朋友，孩子们不仅觉得美观，还发现了串糖葫芦也可以是有规律的。

卖糖葫芦

糖葫芦做好，终于可以卖啦。不一会儿，隔壁班的老师向孩子们反映了"糖葫芦太大了，吃不完，吃多了又容易难受"的问题，孩子们接受了隔壁班老师的建议，于是开始试验，一个签子上面串几块水果合适，一块太少，五块太多，最后大家决定一个签子上面串三块水果。既不会太少，又能品尝到糖葫芦的美味。

由于小朋友们都喜爱吃甜食，所以山楂店非常受欢迎。今天的客人爆满，有不少小客人过来找店员说："我的糖葫芦呢？都好长时间了，还没有给我呢！"山楂店员听到以后，赶快给小客人送糖葫芦，没想到还是出现问题了。"我刚才买的是三串糖葫芦，你还差我两串呢！"有一位小客人说道："我买的是两串糖葫芦！"送餐的员工已经手忙脚乱了，前台收银的店员也记不住刚才客人们都买了几串糖葫芦。

于是，我们将山楂店今天发生的事情分享给了全班小朋友："怎么才能记得每位客人都买了几串糖葫芦呢？""让小客人自己记着。""不行，那小客人万一也忘记了呢！"桐桐说："我跟妈妈去吃饭的时候，饭店会给我们发一个取餐牌，饭好了我们拿着取餐牌换就行！"大家纷纷点头说着："对对对，我也见过取餐牌！"于是，孩子们就开始设计山楂店的取餐牌。在客人交完钱以后，前台店员再把取餐牌交给客人，并提示他拿着取餐牌取餐。在孩子们一起想出新办法后，大家再一次进行了尝试，别说，这个方法真是好。

孩子们在制作、买卖的过程中，习得了沟通、分析问题、解决问题的能力，也真正地从生活中出发，服务于自己，服务于他人，服务于班级，体验被尊重、被肯定的感觉。由此可见，儿童为班级、为他人做的事都是社群服务劳动，而这并不是宽泛意义上的体力劳动，它对儿童的全面发展具有重要意义。

总之，班级社群劳动在整体性的生活情境中满足劳动需要、解决真问题。儿童在劳动的过程中，并不是单纯的动动手，动动脚，而是充分调动其在情感、认知、身体运动、协同合作等多方面的经验，从而进行多领域综合的学习。劳动和游戏虽然存在着一定的区别，但又有着密切的联系。例如在清理鱼池、清扫落叶、纸箱探秘的活动中，这些劳动是自由的、自主的、愉悦的，更是具有游戏性的。儿童可以在充足的工具、材料、空间等条件下，自由发现、探索、实践。事实上，劳动本身就是社会生活的重要组成部分，因此，劳动和生活的关系是紧密联系的。班级社群劳动的实施，并不是我们日常擦拭、清洁或是大扫除的体力劳动，更多的是在结合幼儿生活的基础上，进行自我服务、集体服务，并从中获得经验发展。这些经验或是能力上的，或是身心上的，又或是意志品质的升华，它们无处不在、无时不有，班级中的社群劳动真正地促进了儿童的全面发展，儿童通过与人、与物、与自然的交流，获得了心里的满足与愉悦。同时，班级社群劳动也促进了儿童的个性发展和智力发育，培养了他们的意志品质，提升了他们与他人交往的能力，真正实现了劳动教育的价值。

附：班级场景下的典型案例

家有兄弟姐妹

陈鹤琴先生指出："大自然、大社会都是活教材。"万万没想到，"二胎宝宝"这一话题竟会在我们幼儿园孩子们的小群体里引发一系列的精彩故事，这让我深刻感受到了大社会活教育的价值和意义。

活动缘起于一位大眼睛的小女孩。

我关注到班里这位乐观阳光的小姑娘最近爱撅嘴了，于是主动发起了聊天。

"怎么了，祎祎？不高兴了？"

"我想我妈妈了。"

"妈妈不是每天接送你吗？"

"我妈不让我跟她睡觉！"

"为什么啊？"

"让我自己睡一屋，我就想跟她睡！"

"妈妈是在培养你独立的品格，很多小朋友都会自己睡的呀！"

"哼！"祎祎转身走了……

好像……我这样劝她确实不太合她心意。

下午放学时，一位漂亮的妈妈怀里抱着个四五个月大的宝宝，来到班门前。

"老师您好，接祎祎。"

"您是祎祎妈妈？"

"是呀。"

"这是您家二宝吗？好可爱！"

"嗯，这是弟弟。"

我似乎已经猜到祎祎不能和妈妈睡的原因，于是我对祎祎妈妈说：

"您知道吗？闺女这几天来园状态不太对，跟我说想妈妈，还想晚上和您睡。"

妈妈为难地一笑，我紧接着开玩笑地说，"哎呀，其实晚一点培养她独立睡觉也没关系啊，孩子跟妈妈睡，就那么几年的。"妈妈告诉我，自己还在哺乳期，每天要带二宝睡觉，不是没尝试过和老大一起睡，但是大宝睡觉不老实，会压到弟弟，为了保证两个孩子都能够睡得安稳，只能保持现在的状态了。妈妈说着，脸上露出对大宝的心疼和愧疚，就连我这个做老师的心里都是酸酸的，"是这样啊，行，没事，我找时间好好跟闺女说说，你们在照顾二宝的同时也别忘了陪伴我们祎祎啊！"

此时此刻，我的脑袋里闪现出一个个身边二胎家庭中的老大的脸庞，猜测他们的心理情绪，却也带些担忧，因为我不忍心想象他们真正"吃醋"时的样子。随着孩子们陆续吃完饭来到楼道里，大家都表现出对小宝贝到来的好奇与惊喜，一点儿也掩饰不住对这个小生命的喜爱，想摸摸他，却又不敢用力。妈妈和我对视一眼，我们都欣慰地笑了。

“那是我弟弟，你们别动！”祎祎从教室里“飞奔”出来，张开手臂下意识地护着弟弟。

“祎祎，你可真幸福，竟然有个这么可爱的小弟弟！”我故意这样说给她听，想必祎祎也是在大家羡慕的目光里偷偷得意的。

第二天，祎祎再次和我倾诉小烦恼时，很多孩子围了过来，他们对此事表现出了浓厚的兴趣，纷纷给祎祎支招。作为教师，我敏感地发现了孩子们的兴趣和关注点。于是，根据二胎这一现象中孩子的关注点，我们发掘到家庭与社会资源的存在，将其引入课程，并对这些资源进行识别、判断和筛选。

随着国家二胎政策的开放，不少家庭已经有了二胎宝宝，而“我的妈妈生了个小弟弟”这样的话题，也在孩子们的闲暇聊天间展开。作为老师，应该关注孩子的情绪变化，让孩子们乐观地接受家庭中新生命的到来，体会妈妈对子女的疼爱与期待，帮助孩子建立良好的情感。

那么，二胎现象的普遍性是否真实存在呢？为此，我对丰台一幼东大街园的“二胎”情况做出了如下调查。数据显示，东大街园十二个教学班，每个班级都有二胎家庭，调查结果肯定了我的猜测，之后根据数据表现，我从家庭现状、发展趋势、幼儿情感、幼儿健康四个方面，关注到：

1. 二胎家庭普遍存在。

2. 二胎家庭数量呈现上升趋势。

3. 幼儿需要从情感上接纳二胎。

4. 幼儿的健康发展需要得到关注。

同时，根据《指南》中对大班幼儿社会性的发展要求，我从自信心、同情心、责任感、情感建立方面确立了社会性主题活动的开展目标：

1. 能够激发幼儿主动参与活动的兴趣。

2. 乐意与人交往，学习互助、合作、分享。

3. 鼓励幼儿做好力所能及的事，不怕困难。

4. 萌发爱父母长辈、爱老师同伴、爱集体、爱大家的情感。

综合以上分析，大三班“家有兄弟姐妹”课程之旅正式开启！

畅谈兄弟姐妹

“宝贝们，你们的家里有小弟弟或者小妹妹吗？”

“你和他（她）在一起最开心的事情是什么？不开心的事情是什么？”

随着问题的抛出，我们定制了个性化的调查问卷，孩子们针对自己的实际情况和生活经验，用图画等形式进行记录，带到幼儿园来分享。随后，大家统计发现，几乎所有人家里都有兄弟姐妹，家里有二宝的有6人，有意思的是，他们家的二宝全都是小弟弟。小小的调查活动，让孩子们回顾了真实的已有经验，也让作为老师的我对幼儿的家庭情况有了实际的了解。

“那么，你们喜欢兄弟姐妹吗？”

“喜欢，他可以陪我玩。”

“我可以保护他。”

“我还可以给她讲故事。”

“我不喜欢，她会和我打架。”

“会和我抢玩具！”

“女孩子就不会！”

“哦？那你们喜欢男孩还是女孩啊？”

“女孩，我可以给她梳小辫子。”

“女孩不淘气。”

“女孩像公主，很可爱。”

“男孩，因为男孩可以保护我。”

“男孩会功夫。”

“男孩和我的声音不一样，可以一起唱歌。”

看来，孩子们的想法真是各有不同，他们自由地表达着自己的想法和情绪，也明确了后续活动开展的方向，增强了我的信心。

“如果说到‘在一起’，你一下子就能想到的事情是什么？你们能通过画笔呈现什么样的故事呢？”

孩子们最终决定将与兄弟姐妹“在一起”的瞬间记录在绘画纸上，有和兄弟姐妹一起玩滑梯，躺在一张小床上睡午觉，牵手去动物园看动物，搭积木，过马路……无一不是开心温暖的事。

带你走进我的幼儿园

“感觉好有意思，那我们可以把辰辰弟弟带到幼儿园吗？”

这个直接的请求，在班级里引起了轰动。

“当然，如果你们愿意的话！”我欣然接受的态度让孩子们一下子兴奋起来。

那么问题来了。

“他们还小，来幼儿园需要爸爸妈妈陪着吗？”

“他们要是哭，我们怎么办？”

“爸爸妈妈需要给宝宝带什么东西来？”

“我们在幼儿园要做哪些准备呢？”

针对一系列的问题，孩子们展开了激烈的讨论，将自己的想法以绘画的方式分享出来，在翻阅的过程中，竟让我也有了一丝温暖与感动。

在我和孩子们的共同商讨下，我们将以接待、仪式、加餐、游戏、离园这五大环节开展活动，尽管这些活动听起来让人激动和兴奋，可准备起来一点也不简单。

“谁来负责？”

“接几个家庭？”

“怎么接？”

“准备什么？”

“需要有什么环节？”

“谁来主持？”

“他们喜欢看节目吗？”

“适合看什么？”

“我们需要准备什么吃的？他们能吃什么？”

“他们可以在哪儿玩？玩什么？”

“最后还要做什么？”

这些琐碎的问题需要逐一解决，孩子们也没有因为任务的艰巨想要放弃，反而有条不紊地为活动的开展出谋划策，献出自己的一份力。

在迎接准备中，我们首先决定为这几位小嘉宾制作明信片，方便所有班级成员提前熟悉嘉宾。那谁对他们更了解，更适合承担此任务呢？我们想到了这几位小宝的哥哥姐姐，同时借助家长资源，亲子共同制作了小宝的明信片。对于接待，我们鼓励孩子自荐。谁愿意担任接待员，接待过程中说什么，怎么说。孩子们通过投票竞选，确定最终的小接待员。孩子们还会利用空闲时间组织自己的接待语言，用什么样的语气说话，用什么手势引领。与此同时，我们的接待记者也会在活动时间练习自己的拍照技能，为更好地抓拍精彩瞬间而努力。

在仪式准备的过程中，主持环节我们也秉承着公平、自主的原则，鼓励孩子积极承担任务。讨论节目的过程是最为激烈的，讲故事、说古诗、唱歌、跳舞，他们那么小，什么节目适合他们呢？有人提议道："要不然咱们拿串铃唱歌吧，那个摇铃我弟弟就特爱玩。"孩子们别提多开心了，也纷纷表示同意。

游戏活动的准备就不那么容易了，除了大滑梯，那么小的孩子不会喜欢益智区、科学区这些玩具的。

"孩子们，你们觉得小弟弟们喜欢什么玩具，有没有见到过小宝贝玩玩具呢？"

"我觉得男孩子会喜欢恐龙！"

"汽车也喜欢，我们家有好多。"

"我们家也有，我可以带来啊！"

孩子们纷纷表示愿意将家里好玩的玩具带到幼儿园给小宝游戏。我追问道："那么你们准备的玩具，小弟弟玩安全吗？卫生吗？"

"我们可以挑小的、软的。"

"把它洗一洗，用湿纸巾擦擦。"

孩子们对于活动开展的热情，随着他们对于一个个问题的解决，越发高涨了。终于，这一天到来了！大三班的小弟弟真的来到了丰台一幼，来到了大三班。

活动小结：

认真地完成任务、大方地介绍来宾、亲昵地拥抱、有爱地牵起小手，直到最后恋恋不舍地合影道别，活动中有辛苦、有努力、有欢声、有笑语，有作为哥哥姐姐的自豪、也有作为家长的感动、更有作为教师的欣慰。活动结束后，我用三个问题引出了孩子们对此次活动的收获与感悟，从而明确我的课程开展的价值和必要性。

“活动结束你有什么感受，想说什么？”

“你观察到活动中，家长在做什么？”

“你又想说什么？”

从孩子们的回答中，我肯定了孩子们通过活动给予自己的启发与感悟，作为哥哥姐姐，从体验生活到体会父母的辛苦，“那么，今后的你会怎样做呢？”孩子们畅所欲言，我感觉此时此刻的他们又长大了许多，成熟了许多，他们表达着自己能做的事、愿意去承担的事、期待去体验的事。也是在活动的当天，班级微信群里出现了这样的场景，家长们纷纷与大小朋友分享了宝贝在家的生活照片，洗袜子、洗碗、收拾房间、帮奶奶打下手，家长们开心得不得了，我也为他们的懂事和成长感到幸福与感动！

活动后续：糖果老师生了二宝

也许是受班级主题活动的影响，孩子们对怀孕的准妈妈似乎也多了些关注，那天竟偷偷告诉我，糖果老师是又生完小宝宝回来了。“哦？这都被你们发现了，那你们知道为什么有的妈妈会生第二个小宝宝吗？”于是，我们将糖果老师邀请到大三班，倾听了身为老师的妈妈与大宝乐予姐姐间的小故事……

糖果老师与大宝的对话：

“你知道为什么妈妈要再生个小宝宝吗？”闺女不解地摇摇头。“因为他将会是你一辈子的朋友。你快乐时，会和你一起哈哈大笑；在遇到困难的时候，你们也可以相互帮助，把困难踩扁，迈过去。妈妈爸爸不能和你永远在一起。有一天，我们老了，就要到天上去当星星。这时，妹妹或者弟弟会永远陪着你，爱你，和你在一起，会替代爸爸妈妈照顾你，陪伴你。我们在天上当星星的时候，看着你们幸福地在一起也会很开心。”

大班“加油兄弟姐妹”主题路径实施表

线索一：邀请我的弟弟妹妹		
集体活动	基本活动	认识日历（科学） 一共有多少个弟弟妹妹？（数学） 制作邀请卡（美术） 录制邀请视频（语言） 弟弟妹妹来啦（综合）

续表

<table>
<tr><td>集体活动</td><td>其他活动</td><td>我们的分工（社会）
劳动最光荣（音乐）
自制玩具（美术）</td></tr>
<tr><td>日常活动</td><td colspan="2">1. 讨论邀请弟弟妹妹来幼儿园时存在的问题，如：妹妹为什么哭？
“她不认识这里，可能有点害怕！”
“她太小了，还坐婴儿车呢。”
“她离不开她的姥姥！一直拉着姥姥的手。”
“她不认识我们！所以她可能有点胆小！”
“我们太大声了，人太多了。”
2. 教师分享自己宝宝哭闹时的小故事。
3. 迁移生活经验，引发幼儿关于家有二胎宝宝的共鸣，引导幼儿分享自己身边弟弟妹妹哭闹时的故事。
4. 商讨解决办法：怎么能让妹妹不哭？
“我们得冲她笑！”
“给她拿她喜欢的玩具。”
“带她看看我们的幼儿园，她熟悉了，就不陌生了！”
“跟她一起玩她喜欢的游戏！”
“抱抱她，拉着她的手！”
“不能很多人都围着她！”</td></tr>
<tr><td>环境创设</td><td colspan="2">将与幼儿讨论的相关问题及解决方法进行内化，形成幼儿的经验；幼儿活动过程的展现。
1. 孩子们在日历中的发现——开学后的第一个节日是教师节。
2. 自己在各方面的成长变化，如长高了、能力变强了。
3. 为了邀请镩镩来，制作的贺卡、录制的视频。
4. 镩镩到来的那天，班中小朋友带着镩镩一起游戏。
5. 邀请诺伊的妹妹，制作邀请卡、视频。
6. 妹妹哭后，班中幼儿的反思——妹妹为什么哭？（妹妹太小了；哥哥姐姐太多了，她害怕；她对幼儿园不熟悉……）怎么能让妹妹不哭？（保持微笑；和她一起玩；带她参观幼儿园……）
</td></tr>
<tr><td>家园互动</td><td colspan="2">1. 与家庭进行协调，让家庭参与到我们的活动中来。
2. 打破了原有的环境，通过社会环境的改变，让小宝宝加入其中，建立和谐的关系，为幼儿提供更多学习与发展的机会。</td></tr>
<tr><td>区域活动</td><td colspan="2">• 美工区：
1. 制作邀请卡。
2. 记录自己的问题与解决办法。
• 语言区：
录制邀请视频。</td></tr>
</table>

续表

<table>
<tr><th colspan="3">线索二：小宝宝运动会</th></tr>
<tr><td rowspan="2">集体活动</td><td>基本活动</td><td>1. 弟弟妹妹喜欢玩什么？（调查）
2. 汇总分类（数学）
3. 设计图（美术）
4. 人员分工（语言、社会）</td></tr>
<tr><td>其他活动</td><td>1. 布置场地（体育）
2. 我会介绍（语言）
3. 照相机的使用（科学）
4. 欢乐打击乐（音乐）
5. 如何照顾弟弟妹妹（健康）</td></tr>
<tr><td>日常活动</td><td colspan="2">• 问题讨论：
在分工合作的过程中，观察幼儿发现的问题及提出解决办法。
1. 桶太高了，弟弟妹妹跳下来太危险了。
2. 拱形门太硬了。
3. 这个轮胎太重了，他们可能拿不了。
4. 太复杂了，绕来绕去，应该简单一点。
• 解决办法：
考虑小宝宝的兴趣需要，如身高、安全、远近、轻重。</td></tr>
<tr><td>环境创设</td><td colspan="2"> 
1. 对弟弟妹妹喜欢的玩具、游戏的调查。
2. 室内外游戏的统计、投票。
3. 开展运动会前的准备：分组、分工（接待、游戏介绍、场地布置、收整材料、照相）。
4. 运动会的开展过程，照片记录。
5. 运动会后的感受记录：“和暖暖玩捉尾巴，她抱住了我，我很温暖！”“我和弟弟玩打地鼠，弟弟用气球棒打在我的头上，一点都不疼，我很开心。”“弟弟比赛赢了，我很开心。”“我喜欢和弟弟妹妹一起做游戏。”“我给弟弟妹妹讲规则了，弟弟很认真在听我说话。”“我拉着妹妹的手，很幸福。”“我陪弟弟妹妹玩了四个游戏，都很好玩。”……</td></tr>
<tr><td>家园互动</td><td colspan="2">1. 提前和家长联系，邀约弟弟妹妹。
2. 请爸爸妈妈为弟弟妹妹做好来园的物质准备，如换洗衣物、水杯等。</td></tr>
<tr><td>区域活动</td><td colspan="2">• 美工区：
1. 设计调查表。
2. 绘制设计图。
• 科学区：
了解照相机的构造及其使用方法。
• 语言区：
录制邀请视频。</td></tr>
</table>

续表

<table>
<tr><th colspan="3">线索三：宝宝乐园</th></tr>
<tr><td rowspan="2">集体活动</td><td>基本活动</td><td>1. 室内游戏设计（美术）
2. 我们的分工（语言）
3. 清洁游戏场地（社会）
4. 录制邀请视频（语言）
5. 接待弟弟妹妹（综合）</td></tr>
<tr><td>其他活动</td><td>1. 可以玩什么？怎么玩？（语言）
2. 我负责（美术）</td></tr>
<tr><td>日常活动</td><td colspan="2">1. 各游戏场地卫生的清洁与维护。
2. 游戏玩法的不断练习。
3. 扮演小宝宝与幼儿进行对话，如“这个游戏怎么玩呢？”锻炼幼儿的语言表达能力。</td></tr>
<tr><td>环境创设</td><td colspan="2"> 
1. 室内游戏投票。
2. 分工（接待、穿脱衣服、介绍游戏）。
3. 室内游戏计划图。</td></tr>
<tr><td>家园互动</td><td colspan="2">1. 提前和家长联系，邀约弟弟妹妹。
2. 请爸爸妈妈为弟弟妹妹做好来园的物质准备，如换洗衣物、水杯等。</td></tr>
<tr><td>区域活动</td><td colspan="2">• 套圈夺宝

目标：
1. 能按照一定的规律进行拼摆。
2. 创意性地进行建构。
指导策略：
1. 提供范例，丰富幼儿的经验。
2. 提供丰富的辅材。</td></tr>
</table>

续表

<table>
<tr><td rowspan="2">区域活动</td><td colspan="2">· 爬爬乐
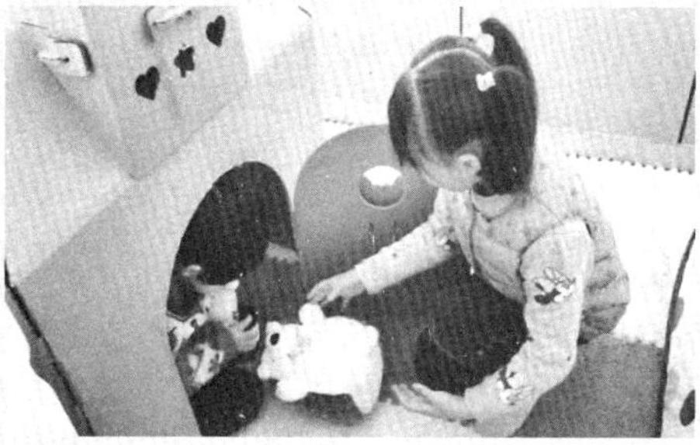
目标：
1. 根据弟弟妹妹的年龄特点，创设柔软、好玩的游戏区域。
2. 幼儿能够表达自己想法，参与到区域创设中。
指导策略：
1. 组织幼儿进行讨论，发挥集体的力量。
2. 引导幼儿先画设计图，再寻找材料进行创设。</td></tr>
<tr><td colspan="2">· 美工区

目标：
1. 能根据自身爱好选择喜欢的材料进行创作。
2. 了解不同材料的特质，尝试进行创意组合。
3. 通过折叠、装饰、组合，制作弟弟妹妹喜欢的玩具。
指导策略：
1. 共同整理美工区，熟悉每种材料。
2. 提供示意图，丰富幼儿的已有经验。
3. 收集多种材料进行再创作。
4. 能够及时对幼儿作品进行肯定和评价。</td></tr>
<tr><td colspan="3">线索四：年后的又一次邀约</td></tr>
<tr><td rowspan="2">集体活动</td><td>基本活动</td><td>1. 新学期的愿望（语言）
2. 玩什么？（调查）
3. 邀请卡制作（美术）
4. 地图制作（美术）</td></tr>
<tr><td>其他活动</td><td>1. 礼物制作（美术）
2. 我们的分工（社会）
3. 怎样才能节省时间？（科学）</td></tr>
<tr><td>日常活动</td><td colspan="2">1. 练习整理衣物。
2. 调查游戏内容需要的费用。
3. 熟悉各班区角路线。
4. 合理利用时间。</td></tr>
</table>

续表

环境创设	 1. 各班游戏区角位置、内容介绍。 2. 邀请卡展示。 3. 游戏路线及钱数。 4. 分工明细，礼物制作、接待、帮忙穿脱衣服、班内负责人。
家园互动	1. 提前和家长联系，邀约弟弟妹妹。 2. 请爸爸妈妈为弟弟妹妹做好来园的物质准备，如换洗衣物、水杯等。
区域活动	·建构区： 1. 尝试不同的搭高方式。 2. 实验“怎么搭能更牢固？” ·美工区： 1. 礼物制作。 2. 设计路线。 ·表演区： 创编适合小宝宝跳的舞蹈动作。

（课程实施者：丁曼曼）

第三节
幼儿园场景下的社群劳动课程实践

美国教育家杜威认为学校即社会，学校应是社会生活的雏形。其中，幼儿劳动教育尤为重要，通过劳动教育，可以实现以劳树德，以劳增智，以劳强体，以劳育美。幼儿园里的社群劳动指的是，幼儿在幼儿园这个教育环境中，通过与周围的人、事、物的互动，以劳动教育为指导，从而习得经验、获得成就感，并对生活有所憧憬与感恩，使幼儿逐渐形成对社会系统的认识，为幼儿未来的全面发展奠定基础。幼儿园里的社群劳动有对园所环境的探索，对他人需求的关注，为教师排忧、服务幼儿园三种主要的表现形式。

一、对园所环境的探索

园所环境按照不同的维度有不同的分类。因此，幼儿对园所环境的探索也可以按照不同维度下园所环境的分类分成以下几种：

从活动形式来看，幼儿对于园所环境的探索在一日生活中，可分为生活活动环境、游戏活动环境和学习活动环境的探索。

以幼儿对于生活活动环境的探索为例。

案例：被子旅行记

幼儿园里，每月最后一周的周五都会将被褥打包带回家进行晾晒、清洗。（疫情防控常态化中，家长无法入园，于是搬运被子的任务就由孩子们自己承担。）一次，大二班的几个孩子看到老师收整被褥，便主动要求加入进去，还零零碎碎说了很多关于自己平时搬被子回家的心得。有的“大力士”小朋友很骄傲地说，拎被子下楼完全不累，也有孩子觉得被子拎得很吃力。

浩坤：搬被子一点也不累。

亦煊：我拎一会儿被子就拎不动了，得放地上歇一歇。

教师：那我们有没有什么好办法能够帮助力气小的小朋友们呢？

孩子们又根据自己的已有经验，分享了好多自己的好办法。教师带着孩子们亲自体验了从打包被子到拎出校门的整个过程，过程中，请孩子们拍照记录可能出现的问题，体验结束后，孩子们不仅不觉得累，反而冒出了更多的想法，纷纷想把自己想到的问题分享出来。

有同理心、愿意帮助他人是孩子成长过程中培养人际交往能力的重要环节，当孩子萌生了帮助他人解决问题的想法时，教师当然不能忽视，并以此为契机展开活动。教师通过对孩子的访谈，倾听孩子们的想法。之后带领孩子进行实际体验，过程中，请孩子们拍照，收集四散的“珍珠”，最后将这些“珍珠”串在一起，请孩子们总结，绘制出问题地图。问题包括：卷被子、装被子、提被子、下楼梯以及将被子运至大门口五个方面。幼儿与教师一起对每一个问题进行了操作体验、分析结果以及再次探究，分别梳理出了每个问题的解决办法。

在所有实验结束后，孩子们一起总结了从卷被子到搬被子所有环节中可能遇到的问题，以及这些问题的解决方法，并一起画了一幅问题和方法的总结地图，将自己在劳动中探究得来的经验在幼儿园内进行经验共享。

装被子方法总结表

<table>
<tr><th colspan="3">一个人装被子</th><th rowspan="2">合作装被子</th></tr>
<tr><th colspan="2">当被子拿起来不散的时候</th><th>当被子拿起来散了的时候</th></tr>
<tr><td rowspan="4">可以搬着被子装进袋子</td><td>步骤 1：被子的形状要与袋子一致（长边对长边，短边对短边）</td><td rowspan="4">可以把袋子拿来套被子</td><td>步骤 1：一个人调整袋子，另一个人整理被子</td></tr>
<tr><td>步骤 2：调整袋子的正反，先将袋子撑大</td><td>被子的形状调整成和袋子相一致</td></tr>
<tr><td>步骤 3：装被子时把边边角角都塞进袋子</td><td>用手将被子塞进袋子</td></tr>
<tr><td>步骤 4：一边按压被子，一边捏住拉链两侧，拉上拉链</td><td>一个人将拉链两侧向中间拽，另一个人拉拉链</td></tr>
</table>

自我劳动是劳动观念培养的根本目的和最终归宿。幼儿通过搬运被子，从自身出发，培养自我服务和自我管理的意识、能力，并学习劳动方法，再将劳动范围扩展至他人和集体，学会帮助他人、分工合作，在其社会化的过程中，成为社会发展进程中的“劳动人”。

二、对他人需求的关注

幼儿对他人需求的关注，主要体现在幼儿的亲社会行为方面，包括：助人、分享、合作、安慰、同情、谦让等行为。

研究结果显示，不同年龄阶段的幼儿出现的亲社会行为各有差异。在助人行为方面，小班幼儿虽能力未达到助人水平，但已经开始萌发了助人意识；中班幼儿易受同伴影响，开始通过观察学习助人；大班幼儿能主动为他人提供帮助，享受助人的快乐。在分享行为方面，小班幼儿在满足自己需求的前提下，乐于与同伴分享；中班幼儿在教师引导下时有分享；大班幼儿能够主动分享，分享的内容很多元。在谦让行为方面，小班幼儿需要教师引导；中班幼儿在物质富余的情况下会主动谦让；大班幼儿会自主谦让，能够与人协商。在安慰行为方面，小班幼儿有安慰意识，但是需要教师的提示；中班幼儿能够主动关注，自发安慰同伴；大班幼儿安慰的语言和动作较为流畅。在合作行为方面，小班幼儿有合作的意识，能短暂与人合作；中班幼儿会主动请求合作；大班幼儿的合作行为普遍存在，合作水平更高。在同情行为方面，小班幼儿缺乏生活经验，难以同情他人；中班幼儿在故事情境之下会产生同情行为；大班幼儿较少产生同情行为，需要依托真实情境。不同年龄段的幼儿在园产生亲社会行为的对象也有差异：小班幼儿产生亲社会行为的对象没有明显差异；中班幼儿产生亲社会行为的对象多为同伴，较少为教师；大班幼儿产生亲社会行为的对象多为同性同伴。

幼儿在园产生亲社会行为体现在对幼儿园内的同伴以及教师需求的关注。以大班幼儿制作柿子采摘工具为例。

案例：摘柿子

金秋十月，幼儿园种的果树的果实中，最多也最让人垂涎欲滴的，便是大班操场上黄澄澄的柿子了。心动不如行动，想吃就要付出劳动，大班的幼儿商量着将柿子摘下来，与大家一起分享。起初，孩子们借助操场上的移动攀爬架，将低处的柿子通过拧、拽的方式进行采摘。可高处的柿子怎么办呢？这就成为了幼儿急需解决的新问题，于是幼儿以够到高处的柿子为目标，展开制作摘柿子工具的探索。

1. 经验迁移——收集材料

想要够到高处的柿子肯定要借助工具，大班幼儿对于工具的使用有一定的前期经验，因此，他们到后勤老师那里借来了采摘杆，尝试后，孩子们发现杆子比较沉，需要有足够的力气通过拉线进行采摘。而且，通过询问，孩子们了解到他们借来的采摘杆主要是修枝用的，要剪断树枝，柿子才会掉下来。这种方式既伤害小树，又会造成柿子从高处掉落，一旦接不住就碎了的结果，十分可惜。

于是幼儿迁移经验，带来了自己家摘柿子工具的图片。在教师的支持下，幼儿寻求后勤老师的帮助，寻找到了制作采摘工具的基本材料，布兜、竹竿，以及连接工具胶条、绳子，而教师提供了塑料扎绳。制作摘柿子工具的合作项目就这样开始了。

2. 协同合作——增长本领

第一次活动中，教师发现竹竿的连接居然成为了幼儿组合采摘杆的一个难点，六组幼儿中有四组幼儿都将竹竿进行对接加固，由于中间对接的缝隙，竹竿怎么也连接不上，但幼儿依旧在执着地进行连接。而这时，另外两组幼儿开始进行重叠连接。因此，教师及时请幼儿在同伴间进行经验分享，请孩子们互相看一看彼此的竹竿，及时发现问题。第一次活动中，孩子们学习重叠连接经验的同时，也对怎样用最少的连接材料制作最长的采摘工具开始了新的思考……

就这样，幼儿在协同合作中了解了竹竿的连接需要两根杆子进行重叠，加固杆子可以用多种连接工具组合。此外，他们还发现竹竿重叠的多少以及连接材料固定的位置，才是最终柿子杆是否结实的关键点。

最终，孩子们将沉甸甸的柿子，送给了幼儿园的每一个班级。

整个活动进行了两次小组探究，以幼儿制作出又长又结实的采摘杆为最终成果。《指南》中指出，“幼儿以自己的生活为主要学习对象，又以自己的生活为主要学习途径，并以更好的适应生活为学习目的。”幼儿通过对自身及同伴愿望的关注，根据实际情况寻找材料，制作便于采摘的工具。合作劳动过程中，幼儿面对失败选择了继续尝试，习得了科学的知识经验，品尝了真正意义上的劳动果实。幼儿在劳动过程中获得了充分的参与感及成就感，感受到深层次的劳动幸福感。

而幼儿作为社会人，也会将对社会层面的人、事、物的关注、关心与关爱带入到幼儿园中，成为幼儿园与社会间的互动契机。

案例：品味友情

偶然初相遇

欣欣：“月月，明天你来我家玩吧。”

月月：“明天我还要去找我的新朋友玩。”

欣欣：“你的新朋友叫什么名字？”

月月：“我在我们家菜市场新认识的朋友，我还不知道她的名字。”

从月月的口述中，小朋友们了解到，原来月月和她的新朋友是在他们家附近的一家菜市场里认识的，这个新朋友的爸爸妈妈是市场里的小商户，平时她的父母都比较忙，一天都在菜市场里，所以她的娱乐场所就是菜市场。

月月：“我上次和妈妈去买菜，看到她一个人蹲在地上玩，我觉得她很孤单，就让妈妈给我买了两个玩具，我返回去，送给她一个，她就成我的好朋友了，她妈妈还邀请我去她家做客呢。”

欣欣：“我觉得她很可怜，我也想送她玩具，我能和你一起去吗？”听到她们的对话，好几个小朋友都围了过来，有的小朋友说：“我也见到过，有的小朋友跟着妈妈一起卖菜，他们很少跟别人玩，是挺孤单的。”还有的小朋友说：“我姐姐同学的爸爸妈妈是开小超市的，每天都很忙，所以她经常去找我姐玩，我也想去帮助新朋友。”于是几个小朋友纷纷表示想一起去。

赠爱心玩具

教师在听到孩子们的对话后询问：“能加我一个吗？”小朋友们惊讶地看着教师：“老师，你要跟我们一起去吗？”“对呀，这么有意思又有爱心的事情，我当然也想参加啊！”小朋友们开心地说：“行呀！”然后问道：“老师，你准备送她什么东西？”教师思考后回答：“那就送她几本书吧，因为我希望她也能像你们一样，做爱读书的小朋友。”就这样，几个住得近的小朋友相约离开幼儿园后一起去找新朋友玩，教师请孩子们把礼物带给新朋友。

第二天，欣欣一大早来到幼儿园，就迫不及待与教师分享了昨天的趣事。欣欣说：“老师，昨天我们去送新朋友礼物了，你猜猜她叫什么名字？”教师说：“她的名字一定很好听。”欣欣点了点头，说：“她叫小蕊，我们几个都去了，我看到她帮她妈妈拿菜了，我们把玩具送给她，她可开心了，我妈妈还在她那买了菜。”月月紧接着说：“老师，你的书我们给小蕊了，她很喜欢。”从孩子们的言语与情绪中可以感受到他们帮助别人并交到新朋友的兴奋，虽然孩子们才五六岁，但他们已经有了很多关心他人的情感意识，教师也为孩子们的成长感动着、欣慰着、开心着。

顺着孩子们的话，教师问道："菜市场里的叔叔阿姨每天都很辛苦，很忙，没时间带宝宝出去玩，那菜市场里还有其他小朋友吗，我们可以做些什么呢？"站在旁边的安安说："他们肯定都想和我们做朋友，以后我们天天去找他们玩，这样他们就不会孤单了。"

伙伴亦同行

就这样，孩子们经常放学后一起去菜市场，月月还把她的新朋友介绍给了其他的小伙伴。孩子们很快就熟悉了，知道小蕊喜欢看书，大家也把自己喜欢的图书拿来进行分享，还在菜市场里找了一个地方一起看起书来。不一会儿，月月说："这里太吵了，我都看不下去了。""要不明天晚上去我家看吧，我家里还有很多图画书呢！"孩子们越来越熟悉，小蕊还带来了几个菜市场里的新朋友让月月他们认识。慢慢地，几周过去了，孩子们不仅能自己看书，还可以相互讲故事中的内容。孩子们还利用周末的时间开展了图书漂流活动。

我们是好朋友

小朋友们似乎越来越喜欢与好朋友共同阅读、游戏，在小朋友们即将开展新年联欢会的时候，安安竟提出了一个小请求："老师，联欢能邀请好朋友来吗？我想和他们一起做游戏。"教师故意追问："为什么呀？"他回答："他们可以看我们表演啊，还能一起玩。"经过商讨，教师同意了安安的请求。

就这样，小朋友们自己制作邀请函，亲自去邀请自己的好朋友来参加幼儿园的联欢活动，每一份邀请函都是自己思考并设计的，孩子们说，邀请函的内容是不一样的，因为他们的好朋友也是不一样的。

幼儿之间的感情就是那么单纯，这也是社群劳动价值最珍贵的体现，幼儿通过与同伴共同游戏感受交往的快乐，促进自身社会性的发展，他们关注身边同龄人的需求，希望通过自己的力量为身边的人提供帮助。更重要的是，这不是对所谓弱势群体的施舍和怜悯，而是孩子们发自真心地关注到了他人需求，有同情心、同理心，愿意根据对方需求，用自己的实际行动有计划、有方法地给予他人有价值的帮助。甚至到后来能够在对方还没有表现出需求时，自发地想到好朋友，愿意和朋友分享快乐，主动为朋友做事，邀请朋友一起游戏，这都是幼儿亲社会行为的集中表现。

三、为教师排忧，服务幼儿园

正如前文的彩虹模型所示，幼儿的活动范围和能力范围都是会随着个体发展逐步向外扩展的，尤其是中大班幼儿，会逐渐产生更多亲社会行为。儿童亲社会行为的发展也包括与同伴和成年人建立良好的人际关系，保持心理和谐，实现健康发展等方面。在幼儿园中，主要体现为幼儿能够关注到同伴和教师的需求、困难，并有较强的愿望为老师或幼儿园提供帮助，愿意为他人排忧解难，服务集体，服务幼儿园。

案例：垃圾称重

在北京市实行垃圾分类后，幼儿园里也开展了垃圾分类的相关活动，大班的孩子们已经有了相关经验。

这一天，幼儿正在操场上进行户外活动。他们发现杨老师正在垃圾桶旁不停地摇晃着角落里四个大大的垃圾桶，上前一问，得知是要对垃圾进行称重。幼儿既兴奋又好奇，纷纷表示愿意和杨老师一起承担这个任务。就这样，给垃圾称重的活动就开始了。

实验称重

领取任务后，幼儿很是开心。对于这个年龄段的幼儿来讲，他们愿意接受自己从未尝试过的任务。为此，他们自发地展开了讨论。

1. 前期讨论

在讨论的过程中，他们发现，称重最需要准备的工具是秤，那么什么样的秤适合呢？

心怡："用手就可以吧。"

骁骁："不行不行，用手称不出重量来，我觉得可以用那个称体重的来试试。"

美萱："哦，可以用那个超市称水果的秤。"

还有的小朋友说："可以用那个底下有个钩子的，挂上就行了。"说完，我们快速进行了分工，幼儿便回家搜集各种各样的称重工具。

2. 具体实施

第二天，幼儿分别带来了自己从家里找到的、自认为可以称重的工具，然后分别取来了各种各样的垃圾，进行了初次尝试：

第一个尝试的是：挂钩秤

他们将垃圾袋一个一个地挂在了挂钩上，当挂到第四个垃圾袋的时候，他们发现好沉，已经快提不动了。因此，他们发现这个挂钩不能满足他们的需要。于是他们换了另一个秤接着尝试。

第二个尝试的是：体重秤

高研："试试这个，我爸站在上面都能称。"很显然，他认为垃圾很重，称垃圾需要的是一个能够称很重物品的工具。当他们把垃圾放在上面的时候，他们发现只有把重一些或者多个垃圾袋放在上面才能显示重量，但相对少的垃圾或者其他轻的垃圾，则显示不出数字。经过这样的尝试后，幼儿发现这个工具似乎也不能满足他们的需要。这时候，美萱已经开始准备使用自己带来的工具了……

第三个尝试：电子秤

美萱："这个是我妈从我家楼下的水果店借的，昨天我还学习了一下这个怎么用，不过我现在都有点记不清了。"

骁骁："没事，我见过超市营业员给水果称重，一会儿我帮你。"

说着，这几位小朋友开始了关于电子秤的探究。不一会儿，他们兴奋地跟我说，"老师，称出来了，称出来了，您看看。"我一看，果不其然，秤上清楚地显示出垃圾的重量。他们兴奋地说："还是这个好用。"

3. 经验归纳

经过一番操作实践，他们找到了自己认为很方便的工具，在我的提议下，他们还按照自己的操作方法制作了步骤图，并将步骤图贴在了电子秤旁边，方便大家了解。

确定了称重工具、了解了称重方法后，幼儿们约定，从明天开始，就要每天称重，完成杨老师这个既让人兴奋又艰巨的任务。

正式称重

由于人人都想参与到称重的活动中，于是孩子们决定由当天的值日生负责当天称重，一周下来，每个人都能参与。可在称重过程中，每一组都会遇到这样、那样的困难。

困难一：这是数字几？

孩子们在观察秤的过程中发现，数字有些不一样，哪里不一样呢？原来，电子秤上的数字和孩子们日常书写的数字不太一样。有些数字容易混淆。潇潇说："这是数字5。"萱萱说："不对，这是2。"到底是几呢？孩子们也拿不定主意，于是开始寻求老师的帮助。老师给孩子们找了一张图片，让孩子们把电子数字和我们书写的数字进行对比。通过观察，孩子们了解到电子数字就像我们用小棒儿拼摆出来的数字，而书写的数字则不一样。通过仔细地观察，孩子们终于能够正确地认识电子数字，并在区域游戏中用班级的小棍儿摆电子数字来巩固对电子数字的认知。

困难二：今天是几号？

在记录的过程中，我们要记录日期，但在记录中他们总会问："老师，今天是几号呀？"一个小小的问题，如果每天都由教师直接告诉孩子，对他们来说不会有提高。于是，教师决定在班中开展一个"学看日历"的活动，让所有的孩子都了解怎样看日历，也解决孩子们不知道日期的问题。小朋友们在这个过程中认识了日历，了解了日期以及星期和月，并把日历投放在称重的区域，每天可以自己看日历进行记录。

困难三：不想称垃圾

关于称垃圾这件事，有些小朋友很积极主动，但是也有些小朋友不愿意去。经过询问之后发现，孩子们不愿意去是因为垃圾脏，不愿意动手去取垃圾。这其实是孩子们担心卫生问题，怎样才能做到既卫生又能让孩子们愿意主动给垃圾称重呢？大家一起想一想，就会有好办法。孩子们认为可以用一次性的手套取垃圾，并及时洗手。而教师也给孩子们带来了“城市清洁工”的活动。通过这个活动，孩子们明白了在我们的生活中有许多清洁工叔叔阿姨，他们每天都与垃圾打交道，我们的城市因为他们的辛勤劳动而变得干净整洁，他们的劳动更值得大家尊重。孩子们明白了劳动的意义，也知道了用自己的双手去进行垃圾分类和称重不是一个脏和累的事，而是为大家服务的过程。孩子们的积极性又提高了不少。

每一次的困难对于孩子们来说都是一个新问题的出现，而这些问题正是孩子们能力提高的契机，我们要更加重视孩子们的每一次问题，并帮助他们积极解决，只有这样，才能让孩子们在接下来的过程中，有更多的思考和发现，孩子们在劳动中的智慧才能够迸发出来。

称重新发现

接下来的时间，孩子们每天不断地进行着垃圾称重，每周进行统计，孩子们在收垃圾的过程中，似乎对于垃圾的多少开始感兴趣，总能听到他们从不同班级收好垃圾后的讨论。一次在收小班垃圾时，孩子们说：“你看，我这个垃圾多不多？”“他们的厨余垃圾真多，好沉呀。”老师问：“为什么他们班的垃圾这么多呢？咱们看看他们都扔的什么？”“老师，我看到有小朋友吃不了的饭。”

经过观察，我们发现，小班的弟弟妹妹总会有剩饭，我们怎么帮助他们呢？于是孩子们决定走进小班，向弟弟妹妹进行宣传，帮助他们做到不剩饭。宣传前，孩子们对此行动进行了计划。

1. 可以让保育老师少盛点饭，如果不够再添加。

2. 可以告诉食堂老师，少给小班一些饭。

3. 可以向小朋友宣传光盘行动，让他们明白不挑食对身体的好处，鼓励他们都吃光。

4. 给弟弟妹妹准备一些小礼物，哪个小朋友都吃光了，就送给他一个小礼物。

想到这些好办法后，大家开始分头行动。

在分头行动的过程中，孩子们也在不断调整策略，积极改变方法，终于看到了成效，弟弟妹妹们的厨余垃圾越来越少了，孩子们非常开心，纷纷把准备的小礼物给弟弟妹妹。

案例中的称重活动由一个真实的情境引发，是教师的一项真实的任务，所以幼儿在为教师分忧的过程中也干劲十足。在经历了初期的种种探索之后，孩子们不仅顺利完成了任务，而且敏锐地发现了小班厨余垃圾过多的浪费行为。在教师的引导下，孩子们又开始思考如何帮助弟弟妹妹做到不剩饭的问题，试了各种方法，最终达到了较好的成效，起到了服务幼儿园的作用，更是无形中为环保事业做出了自己的小小贡献。

大班幼儿称重活动中融合了很多认知能力和动手操作能力的运用，通过对于垃圾的学习，孩子们在生活中更加关注身边的垃圾了，在家中、在社区游戏中、在公共场所都能够把垃圾进行正确分类，也通过垃圾分类培养了环保意识、节约意识，帮助幼儿建立以劳动为基础的行为习惯，从中体验劳动的快乐和幸福。在劳动过程中，教师及时做到了关注并保护幼儿的积极性，时刻以幼儿为中心，用贴近幼儿生活情境、寓教于乐的方式引导幼儿参与劳动。幼儿在活动中带着乐趣进行创造，体验被尊重的感觉，增强自信心和责任感，从而爱上这样的活动。

社群劳动是幼儿园教育的重要组成部分，它不仅能促进幼儿身体的发育，提升幼儿的生活自理能力，还能促进他们的性格发展、智力发育、人际交往能力的发展。它是身心融合的教育，幼儿通过身体参与周围世界，与外界发生联系，因此身体可以作为劳动教育的逻辑起点，体验成为幼儿成长的方式，是幼儿身心协调、健康发展的重要保障；它是生活化的教育，搬被子、开小吃店、户外种植是幼儿在幼儿园的常规生活劳动，也是幼儿劳动教育的主要内容，让幼儿在劳动中学会生活，在生活中学会劳动；它是游戏化的教育，在劳动教育中，让劳动游戏化，使其更富有趣味性，这样幼儿积极性就会比较高，会更热情地参加劳动。

附：幼儿园场景下的典型案例

暖心小导游

活动背景：

随着教育圈大家彼此学习、互相借鉴的热情的高涨，接待成为了许多幼儿园教育活动的一部分。幼儿园有各种接待活动，如接待孩子，接待家长，接待外来学习团队等。在接待过程中，幼儿会获得与更多人进行互动、交往的机会。活动中，可以引导幼儿认识、体验并理解基本的社会行为规则，促进幼儿交往能力和社会规则意识的发展。同时，帮助幼儿在自然的环境中习得人与人之间的交往技巧和行为规范。“暖心小导游”活动就是教师以接待来园所参观的教师为主要内容的劳动活动，活动中，教师组织幼儿变换角色，以小小接待员的身份参与到接待活动当中，通过和孩子们共同讨论接待需要的相关事宜，生成了一系列的劳动故事。

活动起源：我能像去年哥哥姐姐一样接待吗？

老师：孩子们，明天咱们幼儿园又要来客人啦，你们想做些什么呢？

孩子们自由回答：我想玩大滑梯；我想搭乐高，明天我们想搭一个客人休息室；明天我想去美工区画画，送给客人一幅画吧，但是送什么我还没想好；为什么咱们这边总是来客人呀？

老师：因为咱们这边环境美，小朋友很友好呗。

钧哲：老师，去年哥哥姐姐接待客人老师，他们怎么接待的呀？

老师：哥哥姐姐们去年是带着老师们一起认识幼儿园，为客人老师准备水果，在老师离开的时候，还会赠送老师礼物，大概这些内容吧。

钧哲：老师，那我们今年能接待客人老师吗？

老师：你也有这样的想法？

钧哲：是呀。我们可以吗？

老师：孩子们，去年我带着哥哥姐姐一起接待了客人，今年既然钧哲说了这个想法，我想问问，你们还有谁想像去年哥哥姐姐一样接待客人？请举起你的手！哇！这么多小朋友，你们是真心想要接待客人吗？

孩子们：是！

老师：好的！孩子们，那今天我们班的接待组正式成立！

活动过程一：我们怎么接待客人呢？

老师：那你们在家都接待过客人吗？你是怎么接待的呢？

肖总：我会给客人准备水果。

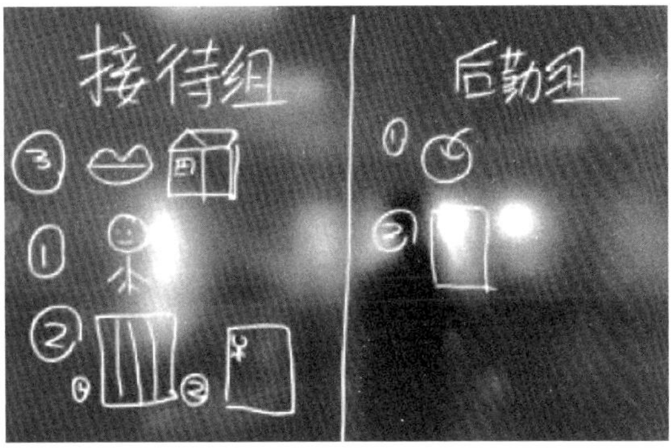

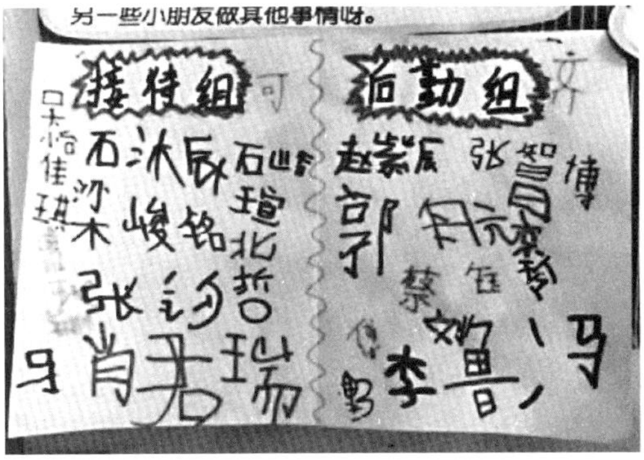

钧哲：给客人倒水，如果他喜欢喝果汁就倒果汁。

沐辰：如果客人有小孩的话，那就和他玩一会儿。

老师：那老师第一次来我们幼儿园，我们怎么才能让客人老师了解幼儿园?

肖总：我们可以给客人介绍幼儿园呀。

峪瑄：我们可以给客人介绍我们喜欢玩的大滑梯。

成博：对，还有树屋，还有丛林探险，小车，还有开心鸟窝。我们都可以带着他们玩。

老师：那介绍幼儿园和准备水果是一起开始呢？还是有前后顺序呢？

若可：我觉得应该有先后顺序吧，这样比较有秩序。

肖总：要是水果早就切好了，就该不新鲜了，我觉得应该一起进行吧，有人介绍，有人准备水果，然后再吃水果，我觉得这样比较合适。

老师：那谁来接待，谁来准备水果呢?

琪宸：老师，可以一半一半的来分，一半的人接待，一半的人准备水果。

老师：你们知道幼儿园里有的老师教小朋友知识，还有一些老师是给你们准备水果、保证你们生活的，这些老师我们叫他后勤老师，就像我们刚才说的一样，接待的小朋友是接待组，准备水果的都是后勤组。

老师：那谁想当接待人员呢？谁想当后勤人员呢？我们怎么选出来?

伽毓：想当接待的和想当后勤的都自己来举手决定。

分析及预设活动：

我们班的小朋友是一群思想比较活跃的孩子，平常在一些小的事情中，能够为活动贡献出自己的锦囊妙计。我去年带着大班孩子开展接待活动时，他们就在幼儿园中对这个活动有所耳闻。本学期任务到来时，孩子们发挥奇思妙想，也想效仿，作为老师，我们充分肯定孩子们的想法，并努力创造机会与平台供孩子学习与生活。

从师幼对话中我们了解到：1. 孩子们在家庭中有过接待客人的经验。2. 在日常活动中，我们班会开展送礼物的活动，孩子们通过经验转移，想出为客人老师送礼物的主意，体现出孩子们对于“分享”的理解。3. 孩子们通过聊天积累了关于接待活动的经验，知道了去年大班哥哥姐姐接待活动的大致流程，对他们将要进行的活动有了一定了解。

活动过程二：那我们该和客人老师介绍什么呢?

老师：那我们幼儿园这么大，你们想介绍什么呢?

佳琪：我觉得可以给他们介绍我们最爱的玩具。

佳暄：可以给客人老师介绍班级里的区域。

肖总：可以介绍完操场然后再进楼里介绍。

老师：嗯，这次我们只先介绍操场，楼里边我们等以后再介绍。那操场你们准备怎么介绍呢？怎么介绍才能有条理呢?

孩子们有些想不出答案。

老师：你看是我们见一个介绍一个？还是说先整体介绍然后再分区域介绍？

成博：先整体介绍然后再分着介绍更有秩序。

老师：那你们说一说，我们操场可以怎么分区呢？

沐辰：我们做操的地方是大班操场。我们玩石头的地方是小班操场。

老师：嗯，那挨着小班操场的是哪个班的操场？

钧哲：那是中班操场。

老师：你们有没有发现有一个地方，也是我们户外的地方，但是被你们忽略了，就是在我们的后边，里边有木工坊，你们觉得这应该叫什么区？

峻铭：叫木工坊区吧。

老师：那里边不仅仅有木工坊，还有纸箱区、自行车区，还有我们的食堂，如果只叫木工坊区，有点不全面。你们看这里边有纸箱区，这些纸箱里装的是给老师们用的做环境的材料，这是幼儿园为老师提供的便利；自行车区是幼儿园给老师们的一份爱心，给老师放自行车的。

天镱：我知道了，就叫爱心区吧。

老师：你们同意吗？

孩子们：同意！

老师：那我们户外一共有几个区？

孩子们：有大班操场、小班操场、中班操场和爱心区。

分析与识别：

在本次活动中，我们共同确定了户外区域的参观内容，分别是大班操场、中班操场、小班操场、还有爱心区。对这四个区域的划分源于孩子们的生活经验，在本学期中，孩子们常在大班操场上嬉戏生活，所以对于大班操场较为熟悉，其次是小班操场、中班操场。当问到楼后区域时，孩子们开始是以部分功能命名，例如“纸箱区”“自行车区”，没有整体概括的经验，在老师的引导下，知道这个区域是方便于老师的区域，所以起名为爱心区。

活动过程三：操场分好区域了，哪些是你想要介绍的呢？

老师：我们已经把户外的区域分成了四个区域，可是我们的时间只有半个小时，你们觉得是都介绍好？还是说介绍一部分你们最喜欢的？

紫辰：介绍一部分最喜欢的，因为半个小时是三十分钟，如果都介绍，时间不够。

老师：那我们一起梳理一下，你认为哪些可以介绍？我们先从最熟悉的大班操场开始，你认为哪些是你想介绍的，是你最喜欢的？

成博：大滑梯是我最喜欢玩的。

沐辰：大滑梯是我喜欢玩的，还有树屋。

君瑞：开心鸟窝！开心鸟窝！

玲希：小车、丛林探险也好玩！

老师：好，那我们大班操场就介绍大滑梯、树屋、开心鸟窝、丛林探险还有小车区。那我们的爱心区介绍什么呢？

天镱：我们可以介绍木工坊。

君瑞：还有自行车区。

老师：还有吗？那你们觉得纸箱区用不用介绍一下呢？你看纸箱的作用这么大？

智博：那我们也加上纸箱区吧，因为可以做东西。

老师：那我们爱心区可以介绍木工坊、自行车区、纸箱区。那我们小班操场可以介绍什么？

天镱：小班的滑梯、还有大飞机，我都喜欢。

钰萱：我觉得小花园也可以介绍。还有我们的石头区。

老师：好的，还有吗？你们看小班操场的墙边，有很多竹筐，装的是我们平常用的材料，是不是也很有特点？那这个需不需要介绍？

孩子们：需要！

老师：我们的小班操场介绍的就是：小花园、材料区、石头区、还有滑梯。那中班操场有什么需要介绍的呢？

紫辰：有我们的管道滑梯，还有对面那个小滑梯。

老师：中班操场还有吗？你们有没有仔细观察过，我们中班操场是新换的地垫？你们知道 FTYY 是什么意思吗？

君瑞：我知道那个是 ftyy(念英文)。

老师：对，那你知道它代表着什么吗？它代表着“丰台一幼”拼音的第一个字母。这个是不是也很特殊，要不要介绍？

孩子们：要！

老师：好，那我们中班操场要介绍的有两个滑梯，还有地垫上的 FTYY 的含义。

分析与识别：

问题的抛出，得到的是孩子们最真诚的回答。他们联系生活经验，选出了最喜欢的大班操场中的大型玩具。作为教师，我们需要思考的是：是不是所有的玩具、房间都需要介绍？怎么样挑选更有价值的景点进行介绍？所以将问题抛向孩子，引导幼儿知道什么是“有特点”，与幼儿共同梳理大中小操场、爱心区的景点，选出了他们认为“有特点”的景点。

活动过程四：绘制地图

（一）分清左右

观察：我们在练习介绍景点时，一路人马从楼内转战到楼外，又返回楼内。经常会听到这样的声音：我们现在 XX 班旁边；这是大班操场前面的小班操场；创意坊在三层最里面的位置；从一层往里走出去就是爱心区了。

识别：如果您和我们一样处在当时的位置，和孩子们的朝向是一样的，我想可能会理解孩子们口述的走向与位置。但是当您在不了解的情况下，一定会不明白哪个是前？哪个是里面？哪个是旁边？我们班幼儿在曾经的活动中，学习过上下、左右、前后。但是在大班上学期，大部分幼儿的左右分辨能力较弱，5—6 岁的幼儿应该可以初步具备以自身为中心分辨左右的能力。所以在口述方位中，虽然能够以自身位置为中心说出前后，但还是不能把左右说明白。

回应：通过传话游戏巩固左右方位的知识点，能够让幼儿做到识别与描述。通过镜子游戏，提高以自身为中心分左右的能力。在日常生活中，经常以“左右”为主题进行游戏。

（二）认识地图

观察：幼儿已经有意识在描述时从自己的位置说到另一个位置，也知道从自己的位置开始描述方向。于是教师尝试引入地图，询问了幼儿关于地图的问题：1. 地图的作用是什么？ 2. 地图上有什么？ 3. 什么时候能够用上地图？孩子们的回答是：1. 地图可以告诉我们位置，能够知道景区里的景点，地图还可以导航路线。2. 地图上有文字、图片（因为只是回忆地图，并没有实际观察地图，所以回答有些单调）。3. 当我们迷路的时候可以看地图。

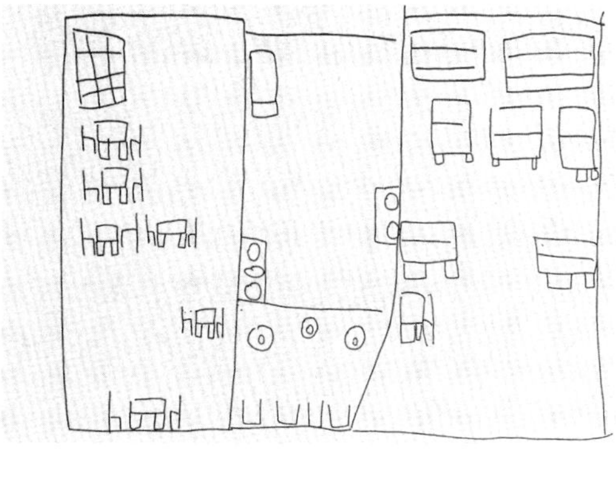

识别：幼儿虽然知道地图的作用以及在什么时候用地图，但是地图上到底有什么？怎么画？对于这些问题他们是不清楚的，也从来没有绘制过包含方位的图画。但是作为“正规”的导游，是需要会利用地图来引导游客的，所以我们下一步就要针对地图，开展活动。

回应：提供幼儿园的示意图，引导幼儿观察幼儿园地图上的内容，幼儿观察到：方形代表教室；文字可以知道教室的信息；虚线代表路；相同的事物在示意图上的表示是一样的；示意图是按照真实事物的位置而绘制的。

观察中国地图，对比和幼儿园示意图的区别。

绘制本班的示意图，先观察班中教室结构——观察每一个教室物品摆放位置——第一次绘制。

针对第一次绘制中教室结构、物品摆放方位问题进行再次学习，强调地图绘制人的方位是固定的，并且将每一张绘制的地图在全班面前进行讲解，分享地图中值得学习的和需要修改的地方。

（三）绘制户外地图

观察：经过学习，幼儿已经对地图的功能有了一定的了解；两次绘制班级的示意图，让他们对地图的内容有了一定的了解；但是我们接待需要的地图不是班级的示意图，而是幼儿园的示意图，所以我们一起进行了户外区域、楼内示意图的绘制。绘制地图时，幼儿选择最熟悉的大班操场进行绘制，在绘制时出现了这样的问题：绘制内容有所缺失；绘制的方位不准确；绘制的地图和实际位置有些偏差。

识别：即使有了二次绘制班级示意图的经验，对于空间方位能力比较弱的幼儿来说，绘制户外区域还是有一些难度；由于绘制当天是寒冬，所以幼儿先在户外观察，然后进到楼道内进行绘制，绘制人的方位会随着绘制时位置的改变而改变，这一原因也有可能造成地图与实际物品摆放的偏差，同时也有可能是地图中缺失内容的原因。本班幼儿在多次活动中有一个不好的习惯就是不会自查，在绘制户外区域地图时，这一不好的习惯就凸显出来了，导致地图中的内容有所缺失。

回应：引导幼儿站在固定位置观察、固定位置绘画，并且保证两个位置的朝向是一致的。培养幼儿养成自查的好习惯，绘制完成后，将实物位置与地图进行对应。由于天气寒冷，为保证幼儿健康，教师引导幼儿学会使用信息技术，减少幼儿长时间暴露在寒冬中。

（四）绘制参观路线、标志

观察：经过投票，选出了比较清楚、位置比较准确的地图，大家一起在此基础上修改，绘制出最终的户外、室内地图。在本次活动中，我们一起商讨的是参观的路线，大部分幼儿看着地图能够说出幼儿园中具体实物的名字。回顾以往的接待过程，会发现导游介绍景点时随机性较强，不够系统，所以大家一起商讨出合适的路线。在绘制路线时，我发现幼儿表达能力很强，但是对于符号的使用能力较弱，知道箭头，却不会使用，双箭头也是在老师示范后，幼儿才能理解其含义并使用。

识别：本学期，应该培养大班幼儿对符号的运用能力。但是我班幼儿并不熟悉日常生活中常用符号的用法，导致在用符号表示线路时，出现了认识但是不会用的现象。

回应：开展关于符号的系列活动，帮助幼儿认识并学会使用常见符号。多开展线路设计活动，通过观察并绘制时间最少路线、距离最短路线等，帮助幼儿提高对方位和符号的认知能力。常带幼儿熟悉幼儿园内位置，并且规范教师言语，运用方位词、顺序词等演示，并且请幼儿进行路线的描述。

活动过程五：导游证

现象：从与幼儿的对话中，知道幼儿对于导游的了解：导游就是给我们介绍好玩地方的人；导游在参观过程中，是一直在旅客身边的；导游在接待过程中要一直介绍景点；导游和旅客都需要带一个证件，来表示这是一个旅游团的。其中，制作导游证，是我们可以提前准备的。我们以其他幼儿园的参观证作为参考，明确了参观证的内容：幼儿园名称、幼儿的作品、还有对客人老师说的话。我们进行了经验

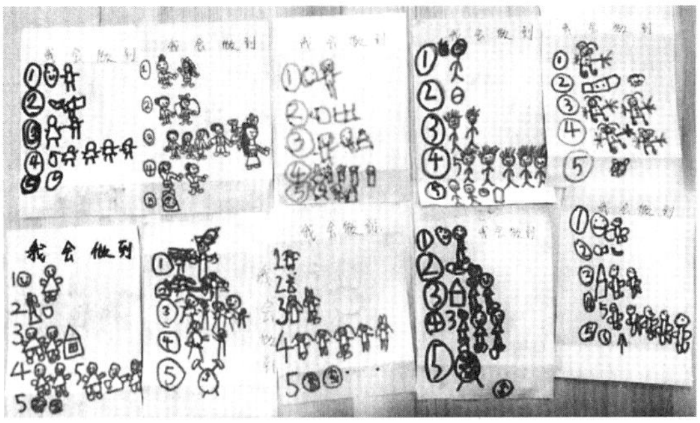

转移，将这个经验转移到导游证的制作中，总结出：要有幼儿园的名称、要有自画像、要有导游能做到的事情，我们提倡在绘制表格时运用多种方式进行创作，但是很多幼儿在设计表格时，仍会出现不够美观、内容不齐全等问题。在用图画表达含义方面，虽然有进步但是效果不够好。

识别：本班幼儿虽然绘制表格时有着多种形式的创作，但是表格的间距、直线的绘制等问题影响着表格的美观。这是由于表格绘制课程开展较少，且课程通常是关注表格内容，老师运用机打表格开展活动，忽略了幼儿表格绘制的能力。在绘制时，直线不直、折线不直等问题则是技能方面的缺失，幼儿的审美不够，同时，他们不会借助工具进行表格的绘制。

回应：学习多种表格的绘制，同时学会借助工具进行绘制。

（课程实施者：杨阳）

在这个案例中，让我们更进一步感受到了社群劳动的魅力，活动源于实际需要，成为孩子们利用生活资源发展综合能力的契机。小导游们在活动中锻炼了社会交往能力、语言表达能力、临时应变能力、组织调整能力，增强了孩子的自信心。绘制地图锻炼了孩子们的观察能力，促进了孩子平面和空间思维能力的发展，绘制的过程让孩子有机会运用符号表达含义，正确的拿笔姿势，绘制线条、图形都有益于前书写能力的发展。在后勤组准备水果的过程中，孩子们会运用调查、统计、分析等方法来选择水果，并能够在遇到突发问题时不回避，而是分工合作，想办法解决问题。可以说，这个活动是幼儿园场景下较为典型的社群劳动案例。

第四节
社区场景下的社群劳动课程实践

《幼儿园教育指导纲要（试行）》提出：“幼儿园应与家庭、社区密切合作，与小学相互衔接，综合利用各种教育资源，共同为幼儿的发展创造良好的条件。”由此可见，幼儿的劳动教育与社区资源密不可分，如果说幼儿是一朵朵含苞待放的花，那么社区资源一定是充满养分的沃土，我们的老师就是辛勤的园丁，只要我们善于挖掘沃土里的营养，那么一定能让这些祖国的花朵绽放出最美的模样。

社区资源是指能够满足社区居民生活需求的一切自然物质资源和人为的社会文化制度，是一个社区内一切可运用的资源、各方面的力量。由此可见，社区资源十分的丰富，包括人力资源、物力资源、文化资源、环境资源等等。在这些资源中，教师可以通过观察、调查、分类等方法充分了解幼儿园周边社区资源的可利用性。再通过筛选、挖掘，让这些可利用的资源走进校园，借助这些资源开展丰富的活动，引导幼儿在社区劳动和服务中充分地亲身体验、操作实践，从而获得丰富的经验，健康全面地发展。

一、善用社区人力资源

幼儿社会交往能力的发展不能仅仅局限于与家长、幼儿园中的同伴、老师的交往，社区中富含着丰富的人力资源，是提升幼儿交往能力的重要途径。家长、社区工作者、社区中的同伴都是孩子们认识周围世界必不可少的参与者，有助于幼儿学习友好地与人相处，帮助他人，感受分享与帮助别人的快乐。

家长资源是社区人力资源中更值得我们关注和重视的，家长们职业不同、身份不同，各有特长和优势，利用家长资源可以帮助幼儿认识更多的职业并且了解更多的领域，更充分地开拓幼儿的眼界，让他们能学习更多的知识。

在2020年初，疫情刚刚爆发的严峻时刻，孩子们都不能来到幼儿园见到小伙伴，只能居家活动。孩子们面对突如其来的变动，在心理上很难适应，会感到不知所措，不知道到底发生了什么，家长们也渐渐反映孩子们不能踏踏实实在家活动，总想跑出去玩。看到家长们的无奈，教师想到班里正好有参与防疫的医生、护士，于是赶紧联系家长，请家长在方便的时候，通过视频的方式给孩子们上了一堂生动的防疫课。在医生、家长详细的讲解中，孩子们逐渐平复心情，明白了现在外面的病毒很可怕，医生叔叔阿姨们正在努力地为打败病毒夜以继日地辛苦工作着。

通过这次视频连线活动，孩子们了解到原来身边这么多人都在为我们服务，了解到现在外面比较危险，于是不再闹着要去外面玩，开始自主地用自己的方式为医生叔叔阿姨加油打气，踏实地在家玩玩具、看书、帮助家长做家务，不给防疫工作者添麻烦，还说长大后也要像“白衣天使”一样为大家服务。

社区工作者的力量往往也不容忽视，他们能带给我们意想不到的惊喜，值得老师们深入挖掘。而且教师不仅可以鼓励孩子们走进社区，更要助力社区走进幼儿园。

为响应“三亿人上冰雪”的号召，更好地推广普及冰雪运动，积极推动青少年关注2022年北京冬奥会，街道办事处社区工作人员走进幼儿园，“助力冬奥——娃娃冰壶趣味体验”活动在幼儿园拉开序幕。在活动中，孩子们充分体会到冬奥项目——冰壶的魅力，也感受到了社区工作者为孩子们服务的热情和辛苦。活动后，孩子们贴心地为社区工作者送上水和驱蚊包等小礼物，表达对工作人员的感谢和爱意。

社区的人力资源很丰富，幼儿在与社区的同伴、家长、工作人员相处的过程中，充分体会到了“人人为我，我为人人”的服务精神，感受到了别人为我们服务的辛苦，更体会到了帮助他人，与他人分享的乐趣。作为教师，要善于发现和筛选社区的人力资源，更好地为幼儿服务，在为幼儿服务的过程中，让幼儿懂得和学会为他人服务。

二、巧用社区环境资源

著名儿童教育家陈鹤琴先生提出了“大自然、大社会都是活教材”的课程理论，强调了儿童在与自然、社会的接触中，在亲身观察和活动中获得经验和知识的重要性，主张把书本知识与儿童的直接经验相结合。社区资源中蕴含着丰富的环境资源，如绿树如茵的小公园，在这里能更近距离地接触大自然，更明显地感受四季变化，为幼儿提供了便利的观察自然的机会；如琳琅满目的健身器材，为幼儿提供了不一样的运动体验；哪怕是日常的街道，也因社区居民的集中而有着丰富的另一面，可以说，社区就是大社会的缩影。教师要转变观念，勇于创新，带着幼儿走出教室，走进社区，走进大自然，巧用社区环境资源。

案例片段：小狗便便

班里飘出的阵阵臭味

幼儿园外面的路总会在清晨和傍晚格外热闹，那是小朋友来园、离园的时间，路上有欢声笑语的小朋友，也有行走匆忙的路人，还有在遛狗的人。这一天，班里小朋友突然开始捏着鼻子喊叫，顿时班里骚乱了起来。

小小：天呐，怎么这么臭啊！

班里都是臭烘烘的，于是大家开始寻找，到底是哪里的臭味？大家分散到班里的每个角落寻找臭味，最后锁定了班里嘟嘟小朋友的鞋底，大家发现嘟嘟的鞋底粘着便便，臭味就是从这里来的。嘟嘟想起早晨在幼儿园的路边好像踩过东西，没太注意就直接进园了，小朋友们认为肯定是路边的小狗便便。小朋友在幼儿园路上经常碰到各种小狗便便，让道路变得脏乱，给路人生活带来了不便。这件事情的发生激发幼儿的环保意识，通过讨论，他们认为要保护幼儿园周围的环境，要让生活变得干净健康，为此他们开始展开行动。

清理路边的小狗便便

班里幼儿展开了激烈的讨论：怎么样才能让幼儿园门口变得很干净呢？小朋友结合平时的生活经验，纷纷说出自己的想法。最后大家讨论出以捡便便的方式清理幼儿园的门口。孩子们准备材料，安排分组，每天带上自己的小工具，在上学或是放学的路上，看到便便就捡起来，扔进垃圾桶。计划实施几天后，大家发现路边的便便怎么捡也捡不完。

爱护环境宣传小使者

于是，孩子们又开始积极地想办法解决问题，有的幼儿提出可以学习公园里指示牌的样子做爱护环境提示牌，有的幼儿提出做宣传海报，贴在明显的地方提示路人，保护环境。于是幼儿分成两组开始制作提示牌和宣传海报。

制作提示牌的幼儿在老师和保安爷爷及家长的协助下，大胆创作提示牌，并寻找社区内适合摆放提示牌的位置，用铁丝固定在相应的位置，在平时放学之后，还主动在提示牌旁向周围人宣传环保知识。

制作海报的小朋友设计海报，进入社区，寻找可张贴和发放海报的位置，于是找到了社区里的两个公示栏，然后到社区服务办公室，与社区的叔叔阿姨交流想法，帮忙将海报张贴在公示栏里。幼儿精心制作海报后，在公示栏和公园墙面上各贴一张，宣传海报小组的小朋友决定定期为社区居民宣传文明遛狗，提高居民的环保意识。

良好的自然环境是一种资源，脏乱的自然环境更是一次践行绿色环保的机会，这次的环保活动，教师抓住幼儿一日生活的教育契机，巧妙利用了社区的便便这一自然环境资源，引导了小朋友从我做起，从身边的小事做起，文明遛狗，保护环境，讲究卫生，养成良好的卫生习惯，共同建设美丽家园。

三、妙用社区文化资源

充裕的社区文化资源，不仅丰富着居民们的文化生活，更增进了居民们良好的邻里关系。每个社区都有自己的特色和文化，如社区内组织的球赛、文化宣传栏、冬奥体验中心等等，非常值得老师带着孩子们参与进来和深入挖掘，在幼儿参与过程中充分感受着自我价值，提升成就感、自信心，发展社会性。

比如：我们幼儿园所在的社区就有着丰富的文化底蕴，社区内的下沉广场像一个社区文化站，晚上，孩子们在下沉广场进行各项体育运动，有篮球赛、羽毛球赛等等，有的时候还会进行一些文化表演来丰富居民们的生活，2022 年冬奥会更是开展了冬奥会体验项目活动。正因如此，孩子们非常喜欢在下沉广场活动、游戏，幼儿园里经常可以听到孩子们谈论在下沉广场时发生的有趣故事……

案例：童话剧巡演记

缘起

阳光明媚的周末午后，萱萱带着弟弟和邻居的几个小朋友在小区的下沉广场里一起玩。他们一边玩，一边聊着天。

萱萱说："我们幼儿园里就要进行童话剧的表演了。我们表演的节目里有漂亮的白雪公主，还有可爱的七个小矮人。还有特别厉害的霸王龙呢。"

弟弟说："姐姐，霸王龙是我们在书里看到的那样有锋利的牙齿和尖爪子吗？"

萱萱说："不太一样，我们的霸王龙是绿色的，它虽然很厉害，但是它受伤了。"

小朋友："不可能！霸王龙那么厉害，怎么会受伤呢？"

萱萱："算了！我不跟你争了，咱们这样说不清楚，要不你来我们幼儿园里一起看表演吧！"

弟弟："姐姐！姐姐！我也想看！"

我们要办巡演

萱萱周一一上学就跟几个要好的同学一起商量这件事情。

好朋友琳琳说："怎么才能让小弟弟也看到我们的表演呢？他那么小，又不能自己进我们的幼儿园。"

萱萱："那怎么办呀？"

牛牛："我们也可以把我们的童话剧变成巡演啊！我们就可以让小区里的朋友

们一起看了。”

琳琳：“哇，这可真是一个好主意！”

老师：“真是个很有创意的主意呢！我们可以试一试。”

面对孩子充满创意的想法，老师决定支持孩子们，和孩子们走进社区，成为宣传社区文化的参与者。

做个调查吧

就这样，巡演受到了全班小朋友的热烈响应和关注。“我们有那么多的剧目，到底演什么呢？”于是孩子们进行了一次演出节目大调查，带着他们制作的节目单来到下沉广场和小区空地上，寻找同样放学后来玩的小区小朋友们，询问他们的意见。第二天一早，大家带着收集好的最期待节目调查表来到幼儿园，经过数据比对，《白雪公主》和《没有牙齿的大老虎》两个节目胜出。小朋友们开始着手准备我们演出的道具，班里的美工区人数激增，老师为了支持小朋友们的活动，把美工区扩大了一倍。

我是协调员

经过细致又漫长的准备工作，小朋友把演出地址选在了小区的下沉广场。

妍妍：“咱们这么多道具怎么拿过去啊？”

崔源：“对，我们的观众也得有地方坐吧？那就需要好多小椅子呢。”

萱萱：“我爸爸可以帮忙，我家有大车。”

堆堆：“小区的广场不会有人先占了吧？”

牛牛：“我来当协调员，我爸爸带我去过社区的服务中心，那里有工作人员，我们请他们帮忙吧！”

萱萱：“行，我也跟你一起去。”

几个小朋友把幼儿园要在小区下沉广场进行演出的事情跟社区的工作人员传达后，社区的工作人员并没有表达意见，而是留下了老师的联系方式，说再通知老师。

牛牛：“他们会不会同意呢？”

萱萱：“我也很担心。”小朋友们都很沮丧，担心不能办巡演。

经过焦急的等待，终于在一天的中午，老师接到了电话，社区同意了！还说会帮忙一起做准备！小朋友们欢呼雀跃。

小小宣传员

眼看演出筹备得越来越完善了，新的问题又来了——我们怎么邀请他们在我们准备演出的这天准时来看表演呢？孩子们你一言我一语地讨论了起来。

萱萱：“我可以放学后去告诉我们小区的好朋友来看。”

十月：“我在幼儿园时也可以邀请别的班的小朋友看。”

馨馨：“我会让我爸爸也来。”

牛牛："可是我没有小区朋友的联系方式，我不能每天都去那里等着他们吧？"

最终，经过孩子们的讨论，他们自动分为了三组——社区宣传组、幼儿园宣传组、家长宣传组。那我们通过什么样的宣传方式来宣传呢？三个小组的小朋友们各自计划着自己组的宣传方式。

社区宣传组

萱萱：咱们可以画一张大画，把它贴在下沉广场的宣传栏里，这样小朋友在下沉广场玩的时候就能看见啦。

嘟嘟：咱们还可以请老师帮咱们把演出的时间、地点等信息设计成海报，像话剧的宣传海报那样。

松果：那他们怎么报名啊？

贲贲：可以把咱们班的微信号留在宣传海报上，我们每次去西贝做美食，妈妈就需要在微信上预约。

萱萱：那咱们一起画吧，选一张大点的纸，可以把咱们表演里的人物都画上。

幼儿园宣传组

堆堆：咱们可以去每个班进行宣传，给小朋友们讲讲咱们要表演的节目。

崔源：还可以做一些参观的门票，发给想看表演的小朋友。

堆堆：那咱们一起设计门票吧，票上要有编号，我去看的木偶剧票上都有自己对应的座位。

家长宣传组

苏西：咱们可以录一个视频，视频里告诉爸爸妈妈演出的时间，邀请他们一起来。

妍妍：那我们去找老师帮我们一起录吧。

小朋友们通过小组合作以不同的方式进行着宣传工作。

演出开始啦

经过细致又漫长的准备工作，终于迎来了正式演出的这天。小朋友们也按部就班地负责着自己的工作。

看！下沉广场里一群负责接待的小朋友已经开始忙碌起来啦！

馨馨：小朋友你好，欢迎来看我们丰台一幼木偶剧巡演。

松果：奶奶您好，请问您在微信上预约看木偶剧了吗?

贲贲：阿姨您好，请您消毒一下手。

苏西：小朋友和家长每人一个座位，座位上有我们画的宣传海报，大家可以看看，了解一下今天的节目。

萱萱：我们的演出在10：00正式开始，请大家把手机调成静音。

妍妍：这里有垃圾袋，请大家不要随便扔垃圾哟！

引导的小朋友像小主人一样为大家安排座位，提醒着大家注意事项。道具组的小朋友也没闲着，他们小心翼翼地运来了准备好的道具，开始为舞台装扮起来。在每一个位置上都有孩子们为别人服务的身影。

在小朋友们有条不紊的组织下，一场精彩的演出开始啦！演出收到了热烈的欢呼和掌声，大家纷纷为小朋友们喝彩！

这是一次特别的演出，在以往的活动中，孩子们更多是看热闹，但这一次孩子们再也不是观看者，而是通过自己的努力，全程参与社区内的童话剧表演活动。在幼儿为社区服务的过程中，不仅提高了他们动手操作、分组合作、创新思维的能力，更让他们充分地感受到了自己也能成为站在舞台中心的“小主人”，受到大家的喝彩和欢呼，获得了满满的成就感！

幼儿对世界充满好奇和向往，社区为幼儿的求知欲提供了丰富的资源，是幼儿了解世界的重要途径。社区已经成为一种新的形式走进我们的课堂，社区的资源是取之不尽、用之不竭的，所以需要教师善于利用社区中潜在的有效教育资源，抓住社区和幼儿在一日生活中的关联，发现多样化的教育契机，更好地让社区资源服务幼儿，满足幼儿的成长需要。社区为幼儿服务的同时，教师更要带着幼儿走进社区，服务社区，为社区劳动，让教育跨越围墙，引导幼儿充分地享受为社区服务劳动的过程。在服务劳动的过程中，亲身实践、操作探索，感知自己与社区的关系，实现社区幼儿园相互融合、惠利双赢。

附：社区场景下的典型案例

我是快递柜守护者

活动起源：

大家一定都收到过快递吧？您收到快递时的心情是什么样子的呢？是期待、欢欣，还是喜悦、惊喜呢？前几天，我们大一班的小朋友也收到了期盼已久的快递，他们是什么心情呢？为什么孩子们个个都满脸嫌弃呢？

上周，班中的小朋友们一起为自然角的小乌龟在网上选购了龟粮。按照孩子们在网上查的物流信息，今天龟粮已经躺在幼儿园门外的快递柜里，等着孩子们去领取了。户外活动的时候，乐乐、天天还有小路兴高采烈地拉着老师的手一起去领快递。本以为他们会蹦跳着、欢呼着拿着快递奔向小乌龟，大家一起给小乌龟投喂美味的龟粮。但是，好一会儿才见乐乐一只手的食指和拇指拎着快递袋子的一角，另一只手不断地在鼻子前面扇来扇去。另外两个小朋友一边捂着嘴，一边窃笑。看到这里，其他小朋友都非常疑惑。

豆豆赶忙关心地迎上去问道："怎么了？是快递坏了吗？小乌龟难道吃不上美味的粮食了吗？"还没等乐乐说话，天天就抢先一步，两只小手捂着嘴巴在豆豆的耳边窃窃私语。

"什么？快递柜上有屁屁？！"豆豆大声地尖叫起来。一听说快递柜上有屁屁，其他小朋友的兴致一下子被调动了起来。

"哪有屁屁？"

"真的假的？"

"臭不臭啊？"

大家你一言我一语地想要刨根问底。还有几个小淘气还顺势捏住了自己的鼻子。

"谁拉的屁屁？"

"小乌龟的粮食上没有粘上吧？"

"快递柜上怎么会有屁屁呢？"

大家的追问热度持续上升。

"走！咱们看看去！"平日里号召力最强的胜胜挥舞着胳膊说道。话音未落，孩子们已经三五成群地拉着老师向外走去。

屁屁在我们成人眼里是那么隐晦的词语。但是在孩子们看来好像充满了神奇的吸引力，让他们既感觉到羞羞的，又有十二分的好奇想去一探究竟。

活动过程：

快递柜上的白屁屁

出了幼儿园大门口30米左右的地方，就是孩子们领快递的快递柜。到了快递柜前，孩子们一个个像福尔摩斯小侦探一样到处寻找着。"你们看！在这里！这些白色的都是鸟屎！"乐乐指引着大家看向快递柜的左边。果然，快递柜箱壁上有斑驳的白点。在好奇心的驱使下，几位小朋友已经凑上前去一探究竟了。

"你怎么知道是鸟屎？"有人提出了疑虑。

"我们家小区楼下就有，我妈告诉我的。跟这个一模一样。"乐乐说。

"对！对！这就是鸟屎。我认识。"乐乐和胜胜解开了大家的疑惑。

"咦？到底哪来的鸟屎呢？"我趁胜追击，抛出了问题。

孩子们又开始了四处张望。

“看！那里有个鸟窝。”个子最高的瑞瑞伸手指着快递柜的左上角。原来快递柜旁边的大树上有一个鸟窝。

谜底被揭开了，孩子们兴奋不已。

“快递柜上沾满了鸟屎，多不卫生啊！”露露的话让兴奋的孩子们一下子安静了下来。

“是啊！鸟屎粘在了快递柜上面，既不卫生也不雅观。领取快递的人一定很不舒服。”我附和道。

“要不咱们一起把快递柜擦干净吧！”胜胜再一次提出了建议。

“好啊！好啊！”

“正好咱们班有每周大扫除的工具。”

“对！咱们一起把快递柜擦干净！”

孩子们不约而同地做出了决定。

谁能想到，几坨鸟屎能够引发孩子们的深切关注？谁又能够想到，几坨鸟屎能够和幼儿的社区劳动挂钩？只要我们善于聆听，敢于放手，乐于放权，生活便处处是课堂，事事皆教育。

准备要有留白

孩子们的兴致高涨。回到班里，他们就一同找出了每周五在班中大扫除用的工具。对于孩子们能够随机的生成劳动课程，我感到十分欣喜，心中不禁揣摩着教育目标、组织形式等。既然是走出校门的劳动活动，前期的准备一定得十分地充分、到位。“都需要带哪些必备的材料？”“去多少人合适？”“高的地方够不着怎么办？”“带什么样子的盆装水合适？”这些问题还在我的脑子里萦绕着，抬眼一看，几名心急的小家伙已经等候在班级门口准备出发了。好吧，尊重孩子们的选择吧。

再一次走在去往快递柜的路上，孩子们更加急切了。

因为有以往进行班级扫除的经验，孩子们自然地分好了组。有的小组采用“占地策略”，每人负责擦3—4个快递柜，大家同时擦；有的小组采取的是“分工责任制”，一个人负责清洗抹布，一个人负责递送抹布，另外两个人负责擦快递柜；还有的小组则是实行“流水线流程”，一个人先擦第一遍，第二个人擦第二遍，另一个人用干布擦最后一遍……

起初，孩子们干得井井有条。但是，没过多久场面便有些混乱。

“这边我们都擦过了。你们怎么又擦一遍呀？”“你们也没说擦过了呀？”“好吧，那我们现在擦这儿，你们别擦重复了啊！”乐乐和瑞瑞两个小组积极地协商着。

“你都把水撒到我的鞋子上了。”“对不起，人太多了，有点挤。”“是呀！咱们应该分组来擦快递柜。”桃子和天天礼貌地交流着。

“快递柜太高了，上面怎么擦啊？”“咱们下次来的时候一定得带几把椅子。”“嗯嗯，我可以把我妈妈擦玻璃的长把儿拖布带来。这样就能擦到高处了。”两个小姑娘相互鼓励着。

“老师，这个地方特别脏，用抹布擦不干净。”“那怎么办呀？”我反问。“咱们应该带着百洁布，我们家刷碗的那种。”“好的。还可以怎么解决呢？”我继续追问。“咱们还需要洗洁精，脏的地方用洗洁精最管用了。”“也可以用王老师上次擦墙上胶条的那种粉末。”我赶快补充：“那是去污粉。”我和这一组小朋友反复进行着思维的碰撞。

孩子们边劳动着，边争论着，同时也在尝试着、解决着……

活动结束后，孩子们对擦洗结果并不满意，仍然意犹未尽。回到班里，他们还在不断地探讨着刚刚发现的问题，并且在努力地寻找着解决的策略。

我很庆幸今天活动准备的留白。在擦快递柜的过程中，孩子们遇到了许多的问题，也正是这些问题，促使孩子们不断地动脑筋想办法解决着问题。随着问题的推进，引发幼儿的自主学习，促使幼儿形成经验链。

“三个臭皮匠”

通过上一次擦快递柜的活动，孩子们自主形成了许多的关键性经验。每个人的视角不同，发现的问题各异，因此获得的经验和收获也各不相同。

近期，我发现孩子们都在不约而同地、默默地忙碌着什么：周一，安娜从家里拿来了擦玻璃的长把儿拖布，一一带来了自己玩沙用的小筒；周二，开开从家里带来了一张画着快递柜和许多小朋友的图画，刚进班，他就叫着好朋友胜胜和朵朵一起小声地嘀咕着什么；周三，洋洋默默地把美工区投放的废旧小牙刷和鞋刷收在了一个袋子里，还跟保育员老师要来了去污粉。仔细盘问才知道，孩子们都惦记着再去擦洗快递柜呢！

 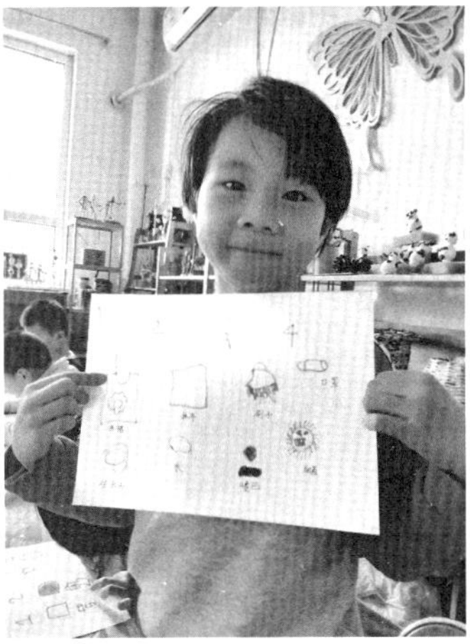

这一次的活动，孩子们吸取了上次的经验，在班中通过分组抽签的形式决定去3个小组。每个小组3—4个人，分别负责擦两列快递柜子。“经验的不断积累就是通向成功的金钥匙。”是的，这一次各组携带的工具材料更加的丰富，目的性也更强了。

洋洋、乐乐和旭旭是一个新组合。他们今天擦快递柜的创意十分的有趣。洋洋个子最矮，他负责擦快递柜的最下面的部分。乐乐最高，他负责擦快递柜的最高部分，剩下的中间部分由旭旭负责擦洗。三个人分工明确，齐心协力。很快就将快递柜的表面擦拭得很干净了。

“哎呀，老师，你看这个缝儿里有好多好多的土。”眼尖的阳阳指着快递柜之间的缝隙说。

“这个缝儿又细又深，怎么擦呢？”我赶快凑过来附和道。三个小朋友，你看看我，我看看你，又仔细地看了看快递柜之间的缝隙。

这时，乐乐拿起手中的抹布，使劲儿一拧，拧成了一个带尖儿的锥形。他将抹布比较尖的一头往缝隙里使劲儿地捅。

“哈哈，成功啦！”乐乐高兴地叫起来，一边叫一边将他创造的这个神器左右移动，企图将缝隙里边擦干净。但是因为抹布很软，在狭小的缝隙里移动起来很费劲。乐乐眨巴着眼睛看着我，貌似在寻求帮助。“旭旭，你最善于思考啦。还有什么好办法吗？”旁边的旭旭看看这儿，瞧瞧那儿。忽然他站起身，走向旁边的黄杨树丛，在树坑里面找了一根长约十厘米的小树枝。

“乐乐，看我的！”说着，他接过乐乐手里的抹布，把抹布的一个角套在了树枝上。这样旭旭就制作成了一个“迷你小墩布”，他把“迷你小墩布”使劲儿地伸到了缝隙里，左右移动起来，非常地灵活。不一会儿，柜子之间的缝隙就被擦得非常干净整洁了。我赶忙向他们竖起了大拇指。

“大功告成！咱们仨真聪明！”看着干净整洁的快递柜，旭旭自豪极了。

“咱们三个人就是臭皮匠！”乐乐的话还没说完，旭旭赶忙摆着手辩解：“我可不是臭皮匠！”

“我妈妈说过‘三个臭皮匠，顶一个诸葛亮’。”乐乐继续解释。

“原来是这样啊！那咱们就是三个臭皮匠！”旭旭说。

“是啊！遇到困难从不低头，你们三个人能够互相帮助，积极协作解决困难。真的能够顶一个诸葛亮了呢。”我说。此时，三个小伙伴乐得前仰后合。

发现问题后，孩子们在好奇心、好胜心以及责任感的驱使下，会想尽一切方法进行调整，攻破难关。就这样，下一组小朋友在活动前会根据上一组小朋友的经验来调整自己的计划和工具材料。于是，孩子们擦洗快递柜的方法越来越多，手法也越来越娴熟，当然，热情也越来越高涨。

一天、两天、三天，一周、两周、三周……孩子们把擦快递柜当成了班级活动的一部分，把过程中的挑战和收获当成了成长的催化剂。于是，擦快递柜成为了孩子们自发的常态化活动。他们约定，每周三都是我们班固定擦快递柜的日子，每个组轮流进行此活动。

快递柜家族探秘

“小区的东门也有一个快递柜，我和妈妈在那里取过快递。”京京的一席话又引发了孩子们的关注。

“小区里到底有多少个快递柜？”“这些快递柜都在小区的什么位置呢？”

结合幼儿的兴趣点以及实际需求，我们开展了“寻找快递柜”的活动。为了验证这些消息的真实性，孩子们还进行了实地探访。了解到了小区中快递柜的数量和位置。为了能够清晰、准确地向同伴们汇报调查的结果，他们主动带着纸和笔，边走边绘制出了小区的平面图、路线图。这些图例为接下来孩子们的系列活动提供了分组和分工的依据。

我是小使者

一次早上来园，班中的丁丁气鼓鼓地跟同伴们诉说了自己在上学路上的所见所闻。原来，路过快递柜的时候，他看见有一个快递柜的柜门没有关，柜子里面刮进了干枯的落叶。他主动地将落叶清理干净，又把柜门关好了。听后，孩子们都很气愤，于是，他们决定绘制一些宣传海报或提示语，在快递柜周边展示。“万一取快递的人很着急，没有看到提示怎么办？”洋洋的质疑引发了小伙伴的深入思考。“有什么办法能让更多的人知道呢？”我明知故问。“咱们去社区进行宣传吧！就像上次咱们去宣传光盘行动一样。”玲玲借助已有经验提出了自己的见解。这个提议很快得到了大家的认可，大家分组行动了起来。

孩子们不仅自己践行着诺言，采用各种方法守护快递柜，还利用绘制宣传画、分组进行社区宣讲等形式，倡议社区居民爱护快递柜。将保护快递柜、爱护社区的积极情感进行了传递和发扬。

有快递，找我

孩子们的活动兴趣愈来愈浓厚，在一次和快递小哥的交谈后，他们决定体验一把送快递，于是“大一班快递驿站”诞生了。孩子们开始了给幼儿园老师送快递的活动。“这是谁的快递？”“小张老师在几层？”“快递箱子上的提示语是什么意思？”“大件的快递我们怎样省时省力地运到楼上呢？”每一次活动后，孩子们都会主动以图文并茂的形式进行经验梳理，并积极地与同伴进行交流，最后将这些宝贵的经验财富进行装订、展示。从而不断地丰富各自的认知，激发继续积极拓展主题活动内容的内驱力。

擦不完的鸟屁屁

在擦快递柜的活动进行了一段时间以后，孩子们惊奇地发现，每周大家去擦快递柜的时候，上面都会有小鸟的屁屁，有的时候清理起来十分费劲。于是，一场关于解决这个问题的头脑风暴开始了。

“咱们给小鸟搬家吧……”还没等乐乐说完，胜胜赶快摇头说：“不行！绝对不行！我在书上看见过，说如果随便动小鸟的窝，那小鸟就会不要它的家了。”

“我们家墙脏了，我妈妈就贴上了一层壁纸。咱们在经常有鸟屎的地方也贴上壁纸，每周都换一张。”洋洋提议。

“用壁纸多浪费啊！再说咱们也不会贴壁纸啊！”安娜提出了异议。

“是啊。贴上壁纸以后，怎么从柜子里取快递啊？”小路也提出了异议。

“咱们给小鸟做一个尿不湿吧。我妹妹穿着尿不湿就不会弄脏家里。”堆堆认真地说。

“尿不湿？”“给小鸟穿尿不湿？”孩子们哄堂大笑。

“我的意思是咱们可以在鸟窝下面放一个纸盒，接着鸟屎。”堆堆更加认真地解释道。

“耶！太棒啦！有了尿不湿，小鸟再也不会弄脏快递柜了！”胜胜高兴地喊道。

“这个可不是尿不湿，这是咱们给小鸟设计的‘拉不脏’！”堆堆打趣道。

“对！是‘拉不脏’！怎么拉都不会弄脏快递柜啦！”胜胜说完，孩子们开心地笑了。

“拉不脏”这个名词就这样在大一班诞生了。

孩子们的小脑瓜里藏着我们成人永远也猜不到的童言、童趣。只有我们也把自己当孩子，接受并理解他们的“不可思议”，教育才能够真正发光。

升降版“拉不脏”的诞生

孩子们对于制作“拉不脏”这件事情可是十分地在意和用心。这十来个小朋友每天都会聚在一起，或在班中的美工区，或是在安静的图书角，抑或是在材料齐全的美工创意室。

“‘拉不脏’做成什么样子最合适？”“选择什么材料最适宜？”“怎样制作最结实？”这些问题常常是挂在这些设计师嘴边的。

在这个过程中，孩子们不断地思索、不断地质疑、不断地分析、不断地改进。思维的碰撞激起了朵朵让我赞叹的智慧火花。最后，孩子们终于设计出了他们暂时满意的设计图。

利用塑料筐制作“拉不脏”的小组成员们，一会儿登上了椅子，一会儿又登上了桌子。几个好朋友轮流，竭尽全力地将系在盒子上的三根绳子向上举着。明明一上一下地拽动，满意的小手也跟着上下晃动。他们在干什么呢？于是我驻足，进行了仔细地观察和聆听。

“哎呀！这个办法也不成。下来吧！”满意叹了口气说。

看来，没有达到他们想要的效果。

“要不咱们下楼去看看吧！”明明提议。

听说他们要下楼，我更加好奇了。没等我说话，满意就走了过来。

“老师，我们下楼去看看旗杆上的东西。我们也想制作一个能够上升和下降的

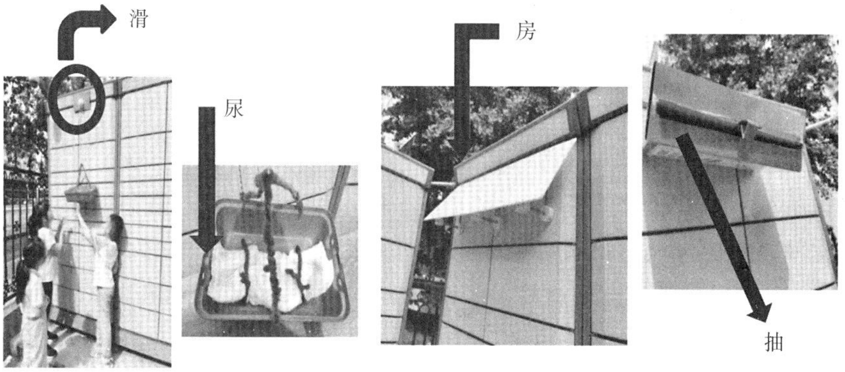

‘拉不脏’，这样换里面的尿不湿的时候就更加方便了。”

旗杆那么高，站在下面能够看清什么呢？我心里产生了疑问。同时我也在快速地思索着能够为幼儿的探究提供支架的方法。

我做了一个 OK 的手势说：“去吧。为你们的探究精神点赞。另外，可以再想一想，幼儿园除了国旗能够升降，还有什么东西能够升降呢？期待你们发现其中的秘密。”

十分钟后，他们手里拿着材料雀跃着回来了。一进门，满意就迫不及待地向我介绍了他们下楼的经历。

“旗杆太高了，顶上的东西我们什么都看不到。后来我们发现了图书馆门口有能够升降的屏风。我们就请保安爷爷帮助我们拆了下来。”没等我回答，他们又登上了桌子，继续探究起来。

耐心的观察，细心的聆听，我对孩子们的探究精神充满了敬畏。鼓励的手势和语言更是激励了孩子们努力探究的劲头。我虽然预料到了孩子们去探究国旗杆会失败，但是仍然支持了孩子们的想法，并给予了适当的引导。

当孩子们拿着升降滑轮走进来的一刹那，我就知道他们已经成功了！没有什么比获得努力、坚持、变通等探究品质更重要的了。

安装“拉不脏”

安装“拉不脏”这一天，孩子们异常地兴奋。大家一起推着小车，载着孩子们智慧的结晶一起来到了快递柜前。

孩子们像能工巧匠一般带着“拉不脏”各自忙碌了起来。他们有的搬桌子，有的摆椅子，还有的递工具，个子高的负责粘贴，个子矮的负责指挥。他们充分发挥自己的优势，进行分工与合作，遇到问题会进行讨论与交流、尝试与探究，获得经验或发现小秘密的时候，会抑制不住自己的兴奋，主动地与同伴分享。

你一言我一语中彰显了孩子们的探究精神，一上一下的安装、调整中也尽显了孩子们的智慧。

当我们的活动吸引着社区中爷爷奶奶围观的时候，孩子们干得更起劲了。通过随机采访街边的居民，孩子们在大家的评价中得到了认可的同时，也感受到了自己的社会价值。

“拉不脏”下岗了

“拉不脏”安装上没有几天就被迫“下岗”了，因为有人告诉我们，快递柜属于公共资源，不能够随意地安装或粘贴。听到这个消息，孩子们非常失落。虽然很遗憾，但是我也进行了深刻的反思。怎样把这个不尽如人意的结果当成教育的过程？

接下来我们会进行以下的思考和实践活动，使我们的主题活动更加的丰富，教育的价值更加的宏观。

1. 为什么“拉不脏”要“下岗”？

2. 没有“拉不脏”了，怎么解决鸟屎问题？

3. 以后再进行社区活动前我们应该做好哪些方面的准备？

当活动有一个好的结果的时候，我们皆大欢喜。但是当遇到一个让我们失望的结果的时候，我们怎样去面对呢？我觉得课程就是我们和孩子们共同成长的过程，有得有失才是真实的课程。正确面对课程中的不如意，也许我们和孩子们收获的会更多。

（课程实施者：马宁）

此次劳动活动引导了小朋友从我做起，从身边的小事做起，保护环境。小朋友们希望通过自己的行动能呼吁社区里的每一个人提高环保意识，共同保护环境，建设美丽家园。可以看出宣传性劳动教育能够突破当前幼儿园、家庭劳动教育场域狭窄、劳动资源有限和劳动机会缺乏的困境，不仅为幼儿探知世界提供了丰富的机会，而且也为其劳动情感的形成奠定了基础，给予他们充足的劳动锻炼机会，支持他们动手劳动，促使他们充分体验劳动的成功与快乐，形成服务自己和服务他人的意识，培养热爱劳动、崇尚劳动的良好品德，让孩子们初步体验劳动为他人谋幸福和改造外部环境的意义。

第五章

社群劳动课程中教师的支持策略

第一节
教师在社群劳动课程中的角色

“角色”一词原本是戏剧界的专用术语，用来描述演员所扮演的戏剧中的人物。在心理学中，大多数社会心理学家认为：“角色是个体在特定的社会关系中的身份以及由此而规定的行为规范和行为模式的总和。”[①]教师角色可以理解为社会各界及教师自身对教师在教育系统或实践教学活动中所处的地位的认定，以及对与之地位相应的思想观念与行为方式的期望与确定。

就学前教育领域而言，幼儿教师作为以幼儿教育为职业的专业工作者，肩负着国家和社会的委托。教育部颁布的《幼儿园教育指导纲要（试行）》指出，幼儿教师应该成为幼儿学习活动的“支持者、合作者、引导者”，幼儿教师应当以关怀、接纳、尊重的态度和幼儿交往。[②]在2012年教育部印发的《幼儿园教师专业标准（试行）》中指出，教师要“做幼儿健康成长的启蒙者和引路人”。

在现实工作中，学前教育工作是一个复杂的、动态的过程，在不同的课程体系中、不同的领域中、不同的场景下，教师角色各不相同。鉴于目前关于社群劳动课程中教师的角色研究还很少，我们不妨结合其他课程教育中的教师角色来进行思考。在高瞻课程中，教师的角色定位是“有准备的教师”，教师应该成为幼儿学习经验的组织者、支持性环境的创设者、幼儿经验建构的积极互动者、家园合作的沟通者以及幼儿学习与发展的观察者和评估者。[③]而在瑞吉欧教育体系中，教师被认为是幼儿学习的共同参与者。[④]马拉古奇等人基于瑞吉欧独特的政治文化背景以及

① 皮连生．学与教的心理学［M］．上海：华东师范大学出版社，2001：7.

② 教育部基础教育司．《幼儿园教育指导纲要（试行）》解读［M］．南京：江苏凤凰教育出版社，2017：199-200.

③ 李慧丽．高瞻课程中幼儿教师角色定位及启示［J］．信阳师范学院学报（哲学社会科学版），2019，39（01）：83-86.

④ 刘军．瑞吉欧教育对幼儿园课程改革的启迪［J］．教育导刊，2004（11）：18.

家长高度参与的幼儿教育体系，将教师定位为：本土文化的传承者，幼儿生成活动的合作者、研究者、规划者、组织者、联络者等。① 茹荣芳把教师在幼儿科学教育活动中的角色定位为：科学教育的引导者，科学活动的合作者，幼儿科学探究的欣赏者。② 陈光对绘画教育中幼儿教师的角色扮演进行了研究，他认为幼儿教师是"幼儿绘画的解读者，幼儿情感的保护者与引导者，幼儿情感激发的环境设计者，幼儿绘画的记录者，幼儿与家长的沟通者"③。姜琼（2000）指出了教师角色应该有以下转换：由课程执行者变为课程的研究者和设计者；由知识传授者变成学习环境的创设者和提供者；由学习主宰者变为幼儿活动的观察者、诊断者和指导者；由权威管理者变为幼儿学习的支持者、合作者；由活动指挥者变为幼儿活动的参与者和学习者；由幼儿的施教者变为家长的咨询者和合作者。④ 通过上述文献的相关梳理，可以发现，教师角色也不是一成不变的，是根据实际情况和所处场景不断调整和改变的，研究者们对教师在课程与教学中的角色期待是不断提高的，并通过不断完善教师角色来提高其专业化的水平。

本书从社群劳动课程的目标确定、课程活动的实施、师幼互动三个方面尝试建构幼儿园社群劳动课程中幼儿教师的角色，以提高教师的能动性和创造性，促使教师进行教学反思，促进研究型幼儿教师的成长，以及幼儿园绘本教学的持续发展。

一、劳动价值观的引路人

学做真人，就要培养学生成为在劳力上劳心、自食其力的劳动者。陶行知强调，为达到劳动教育的目的，"非师生共同做事不可"。他写诗勉励教师："四体不勤，五谷不分，孰为夫子？"在他创办的晓庄师范学校里，各科教师不称教员，都称为指导员，指导学生教学做，他们与学生共教、共学、共做、共生活。陶行知校长更是以身作则，率先垂范。他不当大学教授，脱下西装革履，穿上布衣草鞋，与牛同睡，与师生一起挑大粪、共同劳动，求真务实。身教重于言教，要想学生做到的，教师首先要做到，为学生做出示范。教师是人类灵魂的工程师，是人类文明的传承者。习近平强调，教师要做"四个引路人"——"做学生锤炼品格的引路人，做学生学习知识的引路人，做学生创新思维的引路人，做学生奉献祖国的引路人。"只有教师真正理解了劳动教育的价值和劳动的重要性，才能保证教师有意识地将劳动融入实际的教育教学中。所以教师自身养成尊重劳动、热爱劳动的观念并

① 高飞燕，曹能秀．我国幼儿园区角活动中教师角色定位的启示——基于瑞古欧幼儿教有体系的思考［J］．滇西科技师范学院学报，2018（27）：111.

② 茹荣芳．浅谈教师在幼儿科学教育中的角色定位［J］．科技资讯，2008（19）：181.

③ 陈光．谈幼儿绘画教育中教师的角色［J］．河南教育学院学报，2003（03）：153-154.

④ 姜琼．论现代幼儿教师角色的重新定位与转换［J］．教有导刊，2000（03）：4-5.

践行，就是为幼儿做好劳动价值观的引路人。

幼儿阶段是个体养成良好习惯和发展社会认知的重要时期，更是劳动教育启蒙的关键阶段，但在日常实施中，幼儿很容易将重点聚焦在劳动行为层面，比如幼儿园会利用劳动节、植树节等节日开展主题教育，也会结合自然角、值日生等日常活动开展劳动教育，幼儿会亲身劳动、亲手种植、亲自打扫等等，如果没有教师进行价值观的渗透和引导，幼儿很难独立从辛苦的劳动中感受到“劳动最光荣、劳动最崇高、劳动最伟大、劳动最美丽”的观念，更容易有抵触情绪，进而躲避、厌恶劳动。所以，劳动教育的价值观是内隐在劳动活动中的，具有一定抽象性的，其价值观难以通过自身得到充分展现，而是需要教师的引导与强化。

《幼儿园教育指导纲要（试行）》指出要“引导幼儿了解自己的亲人以及与自己生活有关的各行各业人们的劳动，培养其对劳动者的热爱和对劳动成果的尊重”。《3—6 岁儿童学习与发展指南》提出要“引导幼儿生活自理或参与家务劳动”“助幼儿了解与自己关系密切的社会服务机构及其工作……懂得尊重工作人员的劳动，珍惜劳动成果”。可见，教师在劳动教育中承担着鲜明的引导者、引路人的角色。教师不仅要将劳动作为培养幼儿生活能力的一种途径，更要重视对于幼儿劳动精神的激发、劳动品质的养成，特别是要对于幼儿劳动观念的培养予以高度关注，如此才能充分发挥劳动教育的育人价值。

尤其社群劳动，它区别于其他自我服务类的劳动，社群劳动是以服务他人为目的的劳动，具有明显的利他性，因此，教师在社群劳动课程中首先要起到的是劳动价值观的引路人的作用，不论在一日生活中，还是组织活动中，要为年龄不同的幼儿创造为集体服务的机会，助力幼儿从小学会承担责任，从小就具有担当，引导幼儿感受社群劳动的特点，感受为他人服务、为集体服务的快乐与光荣，为幼儿形成良好的劳动价值观奠定基础。

如，在有些孩子们眼里，劳动是分等级的，有的劳动者在他们心中的形象异常伟岸，有的则被认为是“没意思”的。就拿幼儿园里的分工来说，他们觉得保安爷爷“很酷”，穿着帅气的衣服和靴子，还别着对讲机，管着门口所有人员的出入；而觉得默默无闻的保洁阿姨们的工作“不好玩”，甚至“太脏了”，还要倒厨余垃圾，“臭臭的，我才不喜欢”。其实，这只是他们从天真的孩童角度直观感受到的，无关善恶，但是也需要教师进行适当引导，才能让他们明白“劳动不分贵贱”，每一位劳动者都值得我们的尊重。

二、劳动课程的建构者

《幼儿园教师专业标准（试行）》中提出“制定阶段性的教育活动计划和具体活动方案”“在教育活动的设计和实施中体现趣味性、综合性和生活化，灵活运用各种组织形式和适宜的教育方式”“提供更多的操作探索、交流合作、表达表现的机会，支持和促进幼儿主动学习”。这明确表达出了教师在课程中的建构作用，彰显了教师的课程建构者的角色。

幼儿园作为基础教育的地基部分，要充分落实劳动教育改革，构建完善的劳动教育课程体系，需要教师做好课程的建构者。教师应在幼儿园教育教学中有目的地渗入劳动教育，帮助幼儿形成热爱劳动，尊重普通劳动者的意识，养成勤俭、奋斗、创新、奉献的劳动精神；在一日生活中为幼儿提供适当参与劳动的机会，帮助幼儿养成爱劳动的习惯，提高动手实践能力；还可以根据幼儿的年龄特点、兴趣和实际情况设计游戏内容，在幼儿游戏活动中融入劳动教育，培养幼儿热爱生活、独立生活的能力，感受劳动教育带来的乐趣。

在幼儿园社群劳动课程的建设与开展中，应该综合考虑幼儿的年龄特征和身心发展状况，确保课程的制定具有科学性和可行性。课程内容的选择要基于儿童的现阶段水平来进行，关注到儿童的现阶段水平与最近发展区水平，“是面向儿童已经发展了内容进行教育”，并不能“走在儿童发展的前面、引领儿童的发展”，为儿童发展提供“略有挑战性、引领性”的课程支架。《3—6 岁儿童学习与发展指南》中指出“幼儿应具有基本的生活自理能力”。《幼儿园教育指导纲要（试行）》也强调“既要高度重视和满足幼儿受保护、受照顾的需要，又要尊重和满足他们不断增长的独立要求，避免过度保护和包办代替，鼓励并指导幼儿自理、自立的尝试”。教师要以儿童为中心，科学地建构课程，如：小班幼儿在入园初期可以以“自我服务劳动”为主，能自己上厕所，掌握自己穿脱鞋袜、衣服，将自己玩的玩具和图书放回原来的地方等劳动技能。后期可以在老师的指导下学习擦桌子、给小植物浇水等，渗透社群服务意识。中、大班的幼儿已基本掌握自我服务的各种动作技能，教师可以更多地利用语言进行指导，提出更高的要求并逐步扩大劳动的范围，如：“小小值日生”可以在餐前、餐后摆放碗、分调羹、收拾桌面等，再如：鼓励幼儿修补班级破损的图书、玩教具、洗杯子等。通过分年龄的劳动学习和适宜的课程建构，帮助幼儿从“以自我服务为中心”逐渐发展过渡到“以集体服务为主”。

在发挥教师课程建构者角色的过程中，应注意将一日生活与社群劳动课程紧密结合。成人劳动可以和日常生活相分离，但幼儿的认知和学习特点决定，劳动教育与幼儿生活关联越大、距离越近，越能引发幼儿兴趣，学习结果也越有效。“劳动教育是生命教育永葆生命力的关键，劳动教育是生存教育的重要载体，劳动教育本质上就是生活教育。”① 幼儿期的劳动和他的真实生活融为一体，真实的生活场所

① 康钊，祝蜜，万龙 . 劳动教育与“三生教育”关系探究［J］.2018（09）：8-11.

就是幼儿的劳动场，所以幼儿一日生活的各个环节就是劳动内容，幼儿劳动教育源自生活、通过生活、回到生活。

三、幼儿活动的支持者、合作者

《幼儿园教育指导纲要（试行）》要求教师成为幼儿学习活动的“支持者”“合作者”。支持者，就是要求教师对幼儿的学习活动提供物质上和心理上的支持。物质上的支持包括创造丰富的物质环境，为幼儿与物质环境互动提供前提和基础，在幼儿缺乏或需要某些学习资源时，及时地提供给他们。心理上的支持首先是指教师对幼儿的关怀、尊重和接纳的态度，对幼儿自发的探究活动、新异的想法和发现的支持、肯定和鼓励；对幼儿的问题、困难和需要的敏锐把握，对幼儿的想法和感受的倾听与接纳等。教师对幼儿学习活动的支持有利于为幼儿创设丰富的物质环境和宽松的心理环境，为幼儿的进一步学习、实践、探究提供条件。

所谓“合作者”，就是说教师要以“合作伙伴”的身份参与到幼儿的学习活动中去，共同促进学习活动的不断延伸。从促进幼儿有效学习的角度讲，教师成为合作者也是非常必要的。第一，教师与幼儿的合作学习、平等对话有利于教师了解幼儿不同的学习兴趣、需要，遇到的学习问题、学习方式的差异等，进而因材施教，促进每一个幼儿个性化的发展；第二，教师在与幼儿合作学习的过程中，通过直接或间接的方式介入幼儿的学习困难和问题，给予幼儿继续学习与探究的方法，或直接或间接地抛给幼儿一些问题，与幼儿一起深入探讨。教师与幼儿之间平等的“抛接”要比教师居高临下的“抛给”更有利于促进幼儿的学习与发展。

比如“谁说自行车只能骑”的案例，那是在一次居委会的“旧车换面粉”的活动中，居委会收到了很多废旧自行车，正在发愁怎样处理这些旧车，幼儿园和居委会商量，把这些自行车运到了幼儿园。当废旧自行车刚被运到幼儿园的时候，孩子们就蜂拥而至，都想摸一摸骑一骑，但是他们很快发现自行车都是废旧的，无法正常使用。于是大家对此展开了头脑风暴，有的孩子说“扔了算了”，有的孩子说“可以把零件拆下来玩”，有的孩子则表示“可以修车，修好了我们就能骑了”。最后大家一致同意修车，于是就自然展开了“营救自行车”的维修活动。孩子们为每辆自行车都制作了专属的“病历本”，“病历本”的封面画着这辆车大致的颜色和样子，里面细致描绘了自行车哪里出了问题、需要怎么解决、需要什么工具。期间，幼儿园中的教师、保安师傅、后勤师傅等都以“合作者”的角色参与进来，支持幼儿自主修车。到后来，修好的自行车越来越多，孩子们又开始着手清洗自行车、彩绘自行车，还把存放自行车的自行车区进行了装饰，后来还开始探索自行车结构的秘密，了解反光板的作用等等，到最后孩子们甚至已经开始用废旧自行车的轮胎改造幼儿园里的小推车了呢！

“谁说自行车只能骑”这个活动从一开始的自行车被引入幼儿园，到后面的种种活动的展开，持续了将近一整个学期，活动非常充分和深入。在这样一个活动中，教师在其中的角色是动态变化的，时而是幼儿劳动价值观的引路人，时而是课程的建构者，时而又是活动的支持者和合作者，与孩子们一起探索，一起成长。让我们看看这位教师的感悟吧。

案例片段：谁说自行车只能骑？

在刚刚和孩子们一起踏足自行车区的时候，我和大多数孩子们的想法一样，自行车嘛，当然是骑着玩了，但是通过这一个学期的探索和研究，有时孩子们在活动中的突然发现也给我带来了很大的灵感，我觉得孩子们带给我的收获远远超过了书面上能获得的知识。

回想这 4 个月的游戏时间，孩子们从拆装自行车都要老师帮忙的“修车小白”到主动提出用废旧零件进行改装的“小小修理工”；从单一的纯色、花纹涂鸦到科学地利用空间进行涂色的“小小艺术家”；从了解反光板的作用到探索影响车轮转动轨迹的奇妙现象。孩子们的变化也是从浅到深的飞跃。其实在一开始的时候，孩子们就遇到了重重困难，没有工具、拧不动螺丝，这些问题看似很小，但是都影响着孩子们在自行车区的游戏进程，令我欣喜的是，孩子们在遇到困难时，不再需要求助于我，而是自己寻找更合适的人。尤其是在探索反光板时，孩子们在决定制作反光板的材料时，经过了很多次的猜想、试验、推翻，再猜想、再试验、再推翻，最终大家达成了共识。令我没想到的是，孩子们不但玩得开心，还帮助别人解决了问题，比如在改装小推车时，如果不是孩子们的突发奇想，我想木质小推车由于使用不方便，在大班可能也不会受到孩子们的喜爱。在《指南》中，科学领域的目标就是利用科学来解决生活中的实际问题，这一点在孩子们的游戏中体现得淋漓尽致。孩子们在游戏中有着非常宝贵的学习精神，这些学习精神甚至对我的课程观也有着改变。孩子们这种专注的、坚持不懈的精神感动着我，让我对区域活动有了更新的定义。

其实，这一学期的游戏让我收获最多的是感动。在我每次纠结要不要梳理出自行车区的研究主线，让孩子们在我的引导下进行游戏时，孩子们总能发现新奇的游戏突破点，曾经有很多次，我都是以一名合作者的身份参与到游戏中的。试想，如果当初我真的给了孩子们过多的指导，孩子们还能像今天一样收获这么多快乐吗？答案必然是否定的！孩子们的很多行为都打破了我的固有思维。我们成年人的思维过于关注于功能和实用性，总是喜欢用最简单的方法去处理生活中的事情，所以有的时候思想会很直接，缺少对细节的关注，而孩子们具有发散性思维，喜欢具有创造力和挑战性的事物。正是孩子们在活动中的突发奇想让我对于自行车这件事物有了新的认识和理解，曾经很多次都在感叹：自行车还能这么玩？！

其实令我感动的不止在于孩子们新奇的想法，更多的是孩子们在游戏中的学习品质！正是孩子们这种不怕失败、不断尝试、勇于创新的精神，让他们不仅在动手能力方面得到了提高，在观察与创新、审美能力、计划与实施等方面都有了显著的提高。现在我们真的可以特别自豪地告诉大家，谁说自行车只能骑着玩了？！

（课程实施者：赵靖铭）

第二节

教师在社群劳动课程中的支持策略

就劳动特点而言，尤其是体力劳动，劳动者在劳动现场直接感受到的更多是身体的劳累。劳动的快乐感部分来自于劳动成果的回报，劳动的成就感部分来自于幼儿能力提升带来的自信，劳动的光荣感部分来自于劳动成果被他人认同，所以正如前文所说，劳动教育具有内隐性，劳动成就感具有后延性，加之幼儿劳动能力相对较弱，且兴趣点易转移，就容易出现幼儿不会劳、不爱劳的现象。如果照搬成人劳动的形式和评价，则无法帮助幼儿建立正确的劳动价值观，导致幼儿劳动教育成效低。因此，教师在社群劳动课程中要关注幼儿的真实需求、设计课程支持探索、创设环境鼓励学习，并提供灵活及时的反馈。

一、关注幼儿的真实需要

兴趣和需要直接影响幼儿的行动，幼儿以最大的热情积极主动探索他们感兴趣的事物。可以说，幼儿的学习、生活都是游戏化的。幼儿的劳动也同样如此，幼儿在喜爱的劳动中会表现出自由、自主、愉悦和创造的状态，这正是游戏的精神所在。“儿童劳动的外在活动具有自发性、随意性及非功利性，不受固定的目的影响。”① 幼儿期，特别是幼儿早期，劳动行为和游戏融合为一体，劳动行为的产生是因好奇想尝试，率性而起，随性而停。儿童有特殊的生理和心理发展需要，一切课程和活动的开展都需要根据幼儿的实际需要而设计和展开。除了生理需要、求知需要外，儿童还有安全需要、归属和爱的需要、尊重需要、审美需要、自我实现需

① 赵荣辉．劳动是儿童的自然本性［J］．教育学术月刊，2009（11）：9-11，19.

要等。要让幼儿真正主动参与劳动、爱上劳动，幼儿的兴趣和需求必须得到足够的尊重和满足。

案例片段：谁来当评委？

“好消息，下周重阳节第五干休所的阿姨邀请你们到社区与爷爷奶奶们一起过节，还要请你们表演节目呢！”听到老师的好消息，孩子们都兴奋地谈论起来，很多小朋友都期待重阳节去社区给爷爷奶奶们表演节目。经过商议，大家决定给爷爷奶奶们表演一个升入中班后新学会的徒手操《水果拳》。

谁来表演呢？因为表演舞台有限，每班只能选8名小朋友参加。老师在户外活动时对孩子们进行了观察，根据动作的标准程度，选出了8名男孩儿和2名女孩儿。活动当天，这几名小朋友带着全班小朋友对爷爷奶奶们的节日祝福来到了现场。

舞台上孩子们穿着漂亮的衣服，动作真是整齐、到位。看，乐乐的每一个动作都和老师的动作一模一样。看得老师心里美滋滋的，这些孩子们的表演真是不错。

然而活动后，一个妈妈找到老师，问道：“参加表演的小朋友是怎么选出来的？为什么没有我儿子？”老师对家长进行了详细的解释，但看得出来，家长的不满情绪并没有得到彻底地消除。老师心里开始反思：为什么家长有这样的态度？以前这位家长很支持班级工作的，一定是这件事我们考虑欠妥了。孩子们自己又是怎样想、怎样看待这件事儿的呢？

于是老师们找了十几位没有入选的小朋友进行了聊天，询问了解他们对于无法参加演出的内心真实感受。之后班里老师就此事召开了班会，一同分析活动组织过程中的问题。通过班中老师的共同分析、思考，我们终于找到了问题的症结所在：我们忽视了教育过程孩子的发展价值，也忽视了对幼儿真正的尊重。儿童是有被尊重的需求和自主选择的需求的。由教师来自行决定一些事情似乎已经成为习惯，这次人员选拔好与不好的标准也是由老师来判定的，并没有站在孩子的视角考虑。

好在还有机会可以弥补——两周后，社区要进行文艺汇演，还要邀请中大班小朋友进行表演！这一次老师吸取了教训，先在班里开展了“谁来当评委”的讨论。

“应该老师当评委，因为老师是大人。”“在我家是我妈当评委，她就能当好。”“我也想当评委，我都升中班了，学了很多本领。”“对！我也要当评委！”“我也要我也要。”

这个主意一经提出，孩子们纷纷响应，“小朋友当评委是个好办法，那谁来当呢？”老师表示支持幼儿的想法。“我当我当，我刚过完生日，都5岁了，妈妈说我是大孩子了！”

“我小班时都不会擦屁股，现在都会擦屁股了，我会那么多本领还不能当啊！”孩子们开始寻找自己成为评委的理由。这时，一个小朋友突然说：“我不想当，因为当评委就没法表演了！”其他小朋友听后觉得似乎有道理，于是一部分小朋友不想当评委了。经过老师和小朋友的一番讨论，我们最后决定这次小评委由上次已经表演过的小朋友来当。

“我是评委，我可以评谁呢？”这时，一个小评委问老师。另一个小评委就说：“肯定是中一班最棒的！”“表演时什么样就是棒的呢？”“我觉得必须站得直，像解放军一样！”“做操时眼睛不能左看右看的，应该看前面。”“做动作都得把所有的力气都用上！”“喊口号要洪亮，像这样的‘小手摆起来，小脚踏起来’。”孩子们在一起讨论着小演员的评选标准，还一起商量确定了要表演的节目，是一首早操的音乐表演《向快乐出发》。

评选的日子到了，音乐响起，小演员们随音乐用劲地跳着、唱着，小评委们手拿小贴片在演员方阵前面，左看看右看看，一会儿跟着音乐情不自禁地跳起来，一会儿和旁边的小评委聊两句……

“立定！”

“一、二！”

“我们小演员们表演得棒不棒？”“太棒了！”

“请小评委们把你手中的选票投给你心中的小演员吧！”小评委们开始走起来，快速地走到一个小朋友面前，把小贴片贴到他的衣服上，然后又贴下一个小朋友。小评委在小演员的队伍里穿梭着。“我觉得你今天做得最好！”“谢谢！”“你选我吧！”“不行，你胳膊都没伸直，我都看见了。”“我今天真大声喊口号了，你还不选我？”“那好吧，那你以后也得大声喊啊！”“你要是选我，我就 3 票了。”“我就 1 票了，我得好好想想。”……

贴选票的过程中，孩子们之间积极互动，有小评委对原则的把握，也有小演员对自己努力的自豪。一会儿工夫，小评委已经把手中的 10 票都投完了，此时的孩子们都是一片欢喜。

“老师你看，我 2 票呢！”

“看这看这，8 票，8 票呢！”

“老师，我这票是森森贴的！”

不论小演员们身上的小贴片是多还是少，他们脸上都挂满了知足、满意的笑容；不论小评委把选票投给了谁，他们都觉得自己是公平、公正的。

（课程实施者：张博）

这是同一个主题中，由于采取了不同教育策略而产生了不同结果的生动的教育案例。第一次活动是完全由教师主导和决定的，这就导致不论是小演员还是其他幼儿，都是被动听从教师安排，幼儿的内心感受和真实需要被忽略，几乎没有表达机会。第二次活动中，教师吸取教训，站在关注幼儿真实需要的出发点，倾听了儿童内心的声音，看到了他们想要自主决定的愿望，才会产生更多助力幼儿在活动中自主发展的做法，这样的做法满足了幼儿的心理需求，促进了幼儿的自主发展。

再如，前文中提到的“家有兄弟姐妹”活动是丰台第一幼儿园比较经典的课程案例，后续活动进行地也非常成功，当孩子们提出想把弟弟妹妹带到幼儿园一起玩的时候，教师也以非常开放的态度愉快接纳了这个提议，这让所有孩子都更加兴奋，兴趣更加浓厚。这个活动的开展得益于教师优秀的专业素养，教师不仅敏锐地关注到了幼儿的情绪问题和心理需求，并且经过分析和调查，扩展到了对全班幼儿真实需求的关注，如被二胎宝宝分走了父母关爱的安全感需要、好奇心的求知需要、通过照顾他人来感受自己已经长大的成就感的需要等等。因为幼儿的真实需求被满足，课程的开展才充满了动力，在后续的活动中，幼儿的兴趣才能持续被激发。这是教师在课程中的有效支持策略之一，可以说，关注幼儿真实需要是开展好社群劳动课程的基础。

二、设计课程支持探索

劳动是植根于生活的，所以劳动教育也应基于自然的劳动本能和真实的劳动场景，尤其社群劳动这类为他人服务、有利他性质的劳动，更是要基于群体的生活场景。“幼儿园课程的编制要正确地认识幼儿园生活在幼儿全部生活中所处的地位。”① 跟随幼儿生命成长的节律，尊重幼儿的日常生活经验，践行“一日生活皆课程”的教育理念。也就是说，是幼儿决定着课程的方向，教师是将预期的教学效果培植于幼儿的自主探索上的。在课程设计中切不可出现“教学活动完全由教师掌控，游戏活动可有可无，生活活动则成了各种学习活动的‘过渡环节’”的现象，这会导致幼儿处于消极等待状态，或无所事事，或乱跑乱动，一日生活中的课程价值将消失殆尽。

幼儿园以游戏为基本活动，游戏能够使劳动教育过程更加有趣、生动、愉悦，让幼儿在游戏中体验到劳动的成就感与胜任感，树立为他人服务的劳动意识。其实，教师是可以从“教与学”的空隙里发现契机的，是可以运用自己的教育智慧，顺应幼儿的好奇与兴趣，关照幼儿的活动情况，进行现场设计、思考以及采取一些临时的随机处理措施。优秀的教师一定不是照本宣科的“课程实施者”，而是灵活创新的“课程建设者”，教师追随幼儿，从幼儿语言或非语言的行为中发现幼儿的兴趣和需要，不断引导幼儿动手动脑，不断为幼儿的探索提供支架。社群劳动教育课程的自主性、灵活性更强，需要教师把握教育契机、挖掘生活素材，不断为活动

---

① 高杉自子．幼儿教育的原点［M］．王小英，译．上海：华东师范大学出版社，2014：10.

的推进提供支架，做到“一日生活皆课程”“以游戏为基本活动”。

案例：鞋子也要擦擦擦

这一天，我刚刚进到班里，有个小朋友就指着我的鞋说：“哇，刘老师，你的鞋子也太脏了吧！”其他小朋友听到之后也都把目光集中在我的脚上，我低头一看，原来这双白色运动鞋已经这么脏了啊。我被孩子们的话和注视搞得十分不好意思，只能讪讪地回答道：“嗯，回家以后总是忘了擦。”听了这话，有个小朋友为我解围：“是你家小宝宝总缠着你，你没时间擦吧？”其他小朋友也推测道：“一定是你工作太忙了，没顾上。”

还没等我说话，善解人意的小朋友们就纷纷提议道：“没关系，我来帮你擦吧？”

“刘老师我也帮你擦！”

“我也要帮你擦！”看到小朋友们如此积极，我内心一阵感动，孩子们真是小天使啊！可我断然不能让孩子们用稚嫩的小手来给我擦鞋，同时我也不想辜负孩子们的一片好意，打消他们的积极性。思前想后，我决定开展“鞋子也要擦擦擦”的活动。于是，我回应孩子们：“哦，好吧，可是擦鞋也需要工具啊！这样吧，明天我带些刷子来，谁家有需要擦的皮鞋都可以带过来，咱们一起擦！”听了我的话，孩子们十分兴奋，个个盼着明天的擦鞋活动。

鞋子分分类

第二天一早，我看到孩子们带来了各式各样、各种颜色的皮鞋。我让孩子们把鞋子摆成一排，然后说：“我带了刷鞋的刷子，可是没有鞋油怎么办？”

“老师，可以用水。”

“不行！用水刷皮鞋鞋就坏了。”

“咱们去超市买鞋油吧！”最终，这个提议得到了小朋友们的一致认可。可是，应该买什么颜色的鞋油呢？接着，孩子们就自发进入了观察和计数的阶段。只见孩子们开始给鞋子重新安家，他们把相同颜色的鞋子放在一起，然后再计数，结果摆了好几堆。这么多颜色，怎样才能记住呢？到底应该买什么颜色的鞋油呢？

虽然孩子们还不会写字，但他们都在以自己的方式记录着自己观察的结果，月月用符号来记录各种颜色，小雨则找了与鞋子颜色相对应的不同颜色的水彩笔在纸上画圈来记录鞋子的颜色和数量……最后，我让孩子们说说自己组记录的结果，和别的组比一比结果是不是一样的。经过讨论和商议，我们暂且把深粉和浅粉算成一种颜色，这样的话就总共有 7 种颜色的皮鞋。那要买 7 种颜色的鞋油吗？哪里才会有这么多颜色的鞋油呢？

买鞋油

“去哪里买合适呢？”问题抛出后，孩子们开始盘点，大家凭借着回忆把自己去过的附近的超市和卖场都说了出来：顺天府离得最近；去亿潼隆需要坐477路公交车，两站就可以到，不用走路；去欧尚需要坐地铁；永旺离得最远，但是那里的东西最全。看来孩子们都是生活小能手呀，平时积累了这么丰富的生活经验。那有这么多地方可以去，应该怎么选择呢？

这时，欧阳提出："咱们去顺天府吧，那儿最近，走着就能去，要是那里没有咱们再去别的地儿。"接着，小朋友们对这个提议进行举手表决，最终全票通过，大家决定去顺天府。看到大家都同意了，欧阳自告奋勇地说："我来当队长，我做一个队旗，你们跟着我。"家硕在旁边补充道："那我就做副队长，这个荧光棒当队旗吧，节省时间。"接着，孩子们就在欧阳的带领下，兴高采烈地向顺天府出发。欧阳一边举着队旗，一边不忘提醒大家："大家跟好了，注意安全，副队长在后面随时报告情况。"

在我们老师的护航下，孩子们经过小路口，顺利到达了顺天府超市。一进门，大家都被超市一排排货架搞得有点蒙，有小朋友提议先问问工作人员，欧阳却自信地摆摆手说："我知道，不用问。"接着，大家跟着欧阳绕了一圈也没能找到鞋油，又回到了起点。于是大家决定还是问一问售货阿姨，接着在阿姨的指引下，孩子们走近了放鞋油的货架。但因为货架上的东西太多，孩子们并没有注意到鞋油放在哪里，我看到了鞋油的位置但并没有直接告诉他们，而是向他们提议：不如我们分组再仔细找找吧。经过一番搜索，花花发现："看，这个盒子上有个鞋子，这个可能就是鞋油吧！"小雨回应道："对，上面画了皮鞋的，一定是！"欧阳观察了会儿说："这儿有黑色和棕色，有粉色吗？"接着，他拿起鞋油的盒子仔细观察："金鸡什么鞋油，能让皮鞋光亮……""这个鞋油多少钱啊？"小雨问："我来看看价格！"家硕回答："二四零。""不对，两块四，你看中间有个点。""就是两块四毛钱，我认识。"花花凭借自己的经验说道。"你们看，这个写的是自然色。""什么是自然色？""是不是大自然的颜色啊？""不对，没有这个颜色！""是不是没有颜色啊？"一时之间，大家陷入了争论，最后他们转向我："老师，什么是自然色呢？"

我答："我也不懂，你们应该问问专业的人。"

于是，家硕去找附近的售货员："阿姨，我们要买鞋油，这个自然色是什么意思啊？"接着，他把阿姨请到放鞋油的货架前，说出了自己的问题："阿姨，我们有七种颜色的鞋，要怎么买鞋油呢？"售货阿姨看了看他们有关鞋子颜色的记录表，耐心回答道："这么多颜色的鞋，干脆就选自然色的一种就够了。""自然色是什么意思呀？"孩子们继续问。"就是没什么颜色，什么鞋都能擦，擦完了之后特别亮。"阿姨继续回答。"咦！看这两个颜色都写着自然色，哪个好哇？""我看看……哦，这两个差不多，你们想买便宜的还是贵的？""我看看哪个好，打开看看。”“不能打开，你看这个。”说着，欧阳指着旁边小纸条上的温馨提示，原来，为了保证商品的卫生安全，不能随便打开包装啊。最后，孩子们决定买便宜的，可是要买几瓶呢？

“我看一瓶挺多的，买两瓶就够了。”“好。”欧阳带着大家去交钱。孩子们找到了能刷卡的收银台，并亲自刷卡，签字，买下了两管鞋油。这时，我提醒道：“哎呀，会计老师说一定要开发票哟！”欧阳说：“在哪儿开发票我可不知道，咱们还是问问吧。”经过一番询问，孩子们终于找到了开发票的地方并成功开了发票。最后，孩子们在超市门口合影留念，然后回班准备擦皮鞋。

擦皮鞋

终于开始擦皮鞋了，我担心地问：“你们会擦吗？”“当然。”“没问题。”“肯定擦得比我妈妈擦的还亮。”小雨没有分到刷子，就帮助大家挤鞋油：“我来帮你们挤鞋油吧，挤太多了后面的就不够用了。”

这时，欧阳对我说：“刘老师，我帮你擦吧，我不嫌你的鞋臭。”经过一番刷刷擦擦，孩子们带来的皮鞋以及我的小白鞋都焕然一新。我对欧阳说：“哇！太干净了，谢谢你，欧阳。”“老师，以后我也帮你擦鞋。”家硕抢着说道。热情的小宝贝们又开始花式表白啦，我顺势说道：“嗯，我以后也要坚持每天擦鞋，穿上干净的鞋子，人都变自信了。”在我的倡议下，孩子们也纷纷表态：“我以后也要每天自己擦鞋。”“我还要帮我爸爸妈妈擦。”“我以后还要开个擦鞋公司。”“哈哈，吹牛！”“你看着吧，我要设计一个能擦各种鞋的机器，鞋放在里面就能自动清洁，不用人费时间擦了。”“对，我在宾馆见过擦鞋机。”“我现在就要去设计图纸了。”擦鞋活动在孩子们的一片畅想中结束。

（课程实施者：刘志月）

在活动开始之前，当孩子们热情地说想给老师擦鞋的时候，教师的反应是没有直接拒绝，也没有直接接受，而是进行了思考，然后再决定开展“鞋子也要擦擦擦”的活动，并请孩子们带上家里需要擦的鞋来园，大家一起擦鞋。教师的这一做法，巧妙地化解了孩子要为自己擦鞋的尴尬，转而牢牢地抓住了教育契机，捕捉住了孩子们的善意，并将其提升为一个全班幼儿都可以参与的劳动课程，于不知不觉间将劳动教育和德育引入进来，为孩子们提供了给家里的爸爸妈妈擦鞋的机会，这是一种由无意的契机到课程上的升华。

当孩子们带来了各种皮鞋之后，负责准备工具的老师却说只带了刷子，没有鞋油，并将问题抛给了幼儿。作为一个具有充足生活经验的成人，一般不会不知道擦皮鞋要用鞋油这一常识，因此，这里也是教师在课程设计中的巧思，是为劳动课程精心的留白，如此不断地设计课程，支持幼儿不断地自主探索。接下来，以买鞋油为目的的前期分类、观察、记录、统计活动便自然地在幼儿中展开了，孩子成为了活动的主人，无形中就锻炼了多种能力。

统计之后，教师又适时抛出了一个问题“去哪里买合适呢”来引导孩子们自己讨论。课程中处处体现着教师的设计者角色，而且是无痕的设计。诸如此类的还有，幼儿在各个货架中找鞋油时，教师看到了鞋油的位置，但并没有直接告诉他们，而是向他们提议“不如我们分组再仔细找找吧”，这样孩子们便多了自主探索和发现的机会。在孩子们发出“什么是自然色”的疑问时，教师依然没有直接告知，而是说“我也不懂，你们应该问问专业的人”，将主动权又还给了孩子们，这样孩子便多了与陌生人对话的机会，包括后面教师提醒幼儿要开发票，都是旨在于真实的生活情境中增强幼儿的勇气，锻炼他们的沟通能力、语言表达能力。

课程中，教师敏锐地捕捉着每一个教育契机，巧妙地设计着课程，并且将儿童的活动半径扩大到了社区，使得幼儿在教师的支持下进行了对周遭环境的探索，同时进行了购物、与陌生人沟通、刷卡付款、开发票等实践活动，帮助儿童迈出了社会化的重要一步。此外，教师还帮助孩子们发展了动手劳动的能力、在沟通与合作中解决实际问题的能力，培养了幼儿热爱劳动和帮助他人的价值情感。

三、创设环境鼓励学习

“环境是课程设计与实施的要素”①，幼儿是在与周围环境的互动中建构认知的。张雪门认为课程是儿童直接经验的总和，儿童是通过与环境接触而发展的，儿童所有经验的获得及心理现象的形成都有赖于他们与环境的直接接触。环境创设是课程实施的基础，也是课程研究的过程，更是教师教育观念转变的过程。作为老师，要给予幼儿适当的支持。这种支持要符合幼儿的兴趣与需要，且应当以幼儿的自主发展为核心动力，体现教育对人的尊重。当幼儿成为园所环境主人的时候，当幼儿意愿得到尊重的时候，当幼儿的创意在各方协助下得以实现的时候，幼儿的行为和思想带来的喜悦和惊叹，就是环境创设的价值。为幼儿提供适宜的劳动环境，可以有效提高幼儿的动手操作能力，让他们能够从劳动过程中受益，从而形成良好的行为习惯。

环境包括两大类，物质环境和精神环境。在幼儿园中，我们可以粗略地将物质环境分为区域环境、生活环境、公共环境和户外环境。在区域活动中，教师可以根据幼儿的年龄特点、发展水平和兴趣需要，通过创设相关区域、投放适宜材料来为幼儿社群劳动能力的发展提供支持。比如，在中大班创设美食制作区域并开展相关活动，幼儿在准备、制作的过程中需要频繁合作与服务他人，当他们看到教师和同

---

① 屠美如．向瑞吉欧学什么：《儿童的一百种语言》解读［M］．北京：教育科学出版社，2002：47.

伴们品尝自己制作出来的美食后的满意表情时，就会感到放松、自由和快乐，这也是劳动价值的体现。在生活环境中，教师同样可以通过环境创设为幼儿的学习提供支持。比如，教师创设的“咳嗽礼仪”主题墙就能够起到提醒幼儿关注他人感受、不给他人带来麻烦的教育作用。在精神环境的创设上，教师更是起到以身作则、行为示范的引导作用，教师对他人的爱心、乐于帮助他人的热心、设身处地考虑他人感受的细心、以集体利益为重的责任心等乐群品质，都会无时无刻、无声无息地浸润着幼儿们的心灵。

案例片段一：咔嚓咔嚓照相馆

场景描述：

林林是今天照相馆的第一位小客人，他来到服装室挑选了自己喜欢的奥特曼服装，服装师胧月给林林推荐了自己最喜欢的粉色发卡，还有紫色的蝴蝶发饰。林林皱着眉，显然，作为男孩子，这并不是他喜欢的，于是，他默默地拿起了一顶贝雷帽，准备戴着贝雷帽去照相。

贝贝第二个来到服装室挑选衣服，只见他在衣架旁边左挑挑右翻翻，犹豫不决，这时服装师胧月说：“这个小马甲很好看，你试一试吧！”听到胧月的推荐，贝贝仍然撅着小嘴，但还是勉强地接过小马甲。可就在这时，第一位照相的林林已经照完，把衣服还到服装室。看到还回来的服装，贝贝眼睛一亮，马上拿起了那件奥特曼的服装往自己身上套。

识别分析：

针对服饰材料的投放是否有效，我们进行了为期一周的观察统计，发现在十几件服装中只有三四件是孩子们喜欢的，也是使用率最高的，那其他的服装是孩子们不喜欢的吗?

带着这样的疑惑，我们重新审视服装室，照相馆中的游戏材料丰富多样，新颖的发饰、奇特的帽子、富有民族特色的衣服。但在幼儿游戏中，丰富的材料并没有完全满足幼儿的兴趣需要，也并未与幼儿之间建立紧密的联系。投放的材料应联系幼儿的实际生活，考虑幼儿的兴趣爱好和特殊需要，从而让幼儿在游戏中获得快乐与满足感。通过服饰使用率的调查，同时结合孩子们在游戏时的表现，不难看出奥特曼和爱莎公主裙是孩子们喜欢的游戏材料，同时这也是他们所喜欢的动画片主人公的穿着，而那些民族服装、百褶裙、小礼服虽然漂亮帅气，但并没有引起他们的兴趣，所以游戏材料的使用率降低了。

教师回应：

为了打造一间孩子们喜欢的服装室，让孩子对每一件衣服都爱不释手，我们开展了有关服装的问卷调查，统计出了每个人喜欢的颜色、款式、发饰和道具。

通过调查和统计，发现由于每个孩子的喜好不同、性别不同，所以选择的服装发饰等也是不同的。于是我们按照孩子们自己的喜好，增添删减服装、发饰等游戏材料，并设立美工区，让孩子们制作自己喜欢的衣服。活动中，有的孩子用硬纸壳做了变形金刚铠甲，有的用塑料袋做了白雪公主裙，有的用报纸制作了百褶裙，还有的用纸杯制作了精美的连体服。这样既锻炼了幼儿的动手能力，又按照幼儿自己的想法丰富了材料，增强了幼儿的自信心和表现力，也再次燃起了孩子们来照相馆拍照的热情。

（课程实施者：白雪）

在上述案例中，照相馆里的服装师以自己的喜好为小客人推荐了服装搭配，但是效果不如人意，而且教师在区域中投放的材料虽然丰富多样，但是能够真正与幼儿兴趣契合的并不多，这样下去，照相馆可能很难逃脱被冷落的命运。于是教师及时采取措施，针对服装投放是否有效的问题进行了再次审视，并开展了有关服装的问卷调查，进行了包括颜色、款式、发饰和道具的详细统计。后来，教师积极调整了游戏材料，还组织孩子们一起在美工区自制喜欢的服装，既锻炼了幼儿的劳动能力，又真正解决了材料有效性的问题，在创设环境和调整环境的过程中支持了幼儿的学习。

案例片段二：幼儿园里的旧滑梯要淘汰吗？

幼儿园大班操场上的滑梯已经使用了二十多年，除了陈旧和不够时尚外，没有什么其他的毛病。滑梯曾经是孩子们户外玩耍的首选场地，但是随着岁月流逝，老师们观察到，近两年来，选择玩滑梯的孩子越来越少。是玩具多了，孩子选择的余地大了？还是孩子们真的不稀罕这样的旧滑梯了呢？带着这样的疑惑，我们开始倾听孩子的声音：

“这要能像体育运动场里的滑梯多好啊！”“我上次在游乐场还玩了高空滑道呢，特别刺激！”“还应该安点索道，那个好玩。”听到孩子们的倾诉和建议，老师们进行了讨论：要不要把它换掉？如果换掉它，对孩子们的成长来说有多少价值？孩子们真的不喜欢这个大滑梯了吗？如果在旧滑梯上进行改造，可以怎么改呢？后来，我提议：“滑梯既然是孩子们的，就该由孩子来决定。”于是，老师和孩子们共同开展了滑梯设计的主题活动。

孩子们听到要让他们自己提出滑梯改造想法，立马就来了精神：“这如果有个坡能让我们跑上去就好玩了！”“如果这里有一个小荡桥就有意思了！”“要是能做一个长长的通道把我运到沙池多好！”孩子们的创意让老师十分欣喜，那么让梦想成真，让创意落地是不是更能令孩子们惊喜呢！

于是滑梯改造活动开始了。孩子们的想法丰富多彩，但是究竟哪些能够实现呢？设计师创造作品的第一步是画设计图，孩子们改造玩具的第一步自然也是画设计图。于是，老师们组织大班的一百多个孩子进行分组讨论，画设计图，老师们则穿插在各个组中，在孩子们需要时提供帮助，同时自己也要根据组内孩子们的需求，画一份设计图。等设计图画好后，孩子们和老师根据各自画的图纸展开讨论并进行修改，最后再与木工师傅画的图纸进行比较，再进一步地修改和完善。最终，在老师和孩子们的共同商讨下，选出了一份大家都满意的图纸，让木工师傅根据这份图纸对滑梯进行了翻新和改造。

改造后的滑梯是不是真正能符合孩子的发展需求呢？我们组织了一次很有意义的现场环境研究活动。这次我们把教研搬到了户外，并且邀请了大班孩子们共同参与了教师的研究活动。教师观察和记录了孩子们站在这个大型玩具上，跟环境进行互动的情境。

孩子们看到改造好的斜坡，惊叹道："哇！这么高能不能行？我来试一试。"几个男孩子试了试，但是跑到中间就滑了下来。孩子们想了想说："要是有根绳能拉着就好了。"于是在斜坡上多了一根绳子。"我还想跟他比赛呢，要是有两根绳子多好啊。我又不能跟他拽一根绳。"于是，斜坡上变成了两根绳子。两个孩子拉着绳子助跑一阵，就爬上去了，成功后，他们开心地击掌。

在孩子们充满童话创意的设计下，旧滑梯焕然一新，大班孩子们都特别兴奋，在户外活动时，个个跃跃欲试，这自然也引起了中班和小班的小朋友们的注意，他们十分好奇地望向这里，犹豫着要不要走过去，有几个胆子比较大的小朋友就站在斜坡旁看着哥哥姐姐们玩。几个大班小朋友注意到了这一现象，于是热情地跑到这些弟弟妹妹身边，自豪地向他们介绍，这个玩具是自己参与设计的，然后仔细地向他们介绍这个玩具的玩法，光介绍还不够，大班小朋友还亲自示范玩法，并且带着其他小朋友一起玩。

然而，新的问题又出现了。对于大班和中班的小朋友来说，拉着一根绳子助跑一阵就能爬上斜坡，但是对于小班的小朋友来说，斜坡似乎过陡了些，他们还没有发育完全的身体，不能协调地掌握平衡，他们还没有发育完全的小手，无法握紧绳子以承受自己的体重。对于他们来说，眼前的玩具实在有些"超纲"，想拉着绳子爬上去是很困难的。发现这一问题的大班小朋友立刻报告了老师，随后老师针对"弟弟妹妹怎么玩滑梯，怎么给予他们帮助"的主题又组织了班内研讨。

大班小朋友这次克服了这个年纪常有的自我中心化倾向，把自己代入弟弟妹妹的角色，很快就想到了解决办法：增加一些攀岩用的抓手，弟弟妹妹就能拉着绳子，踩着抓手上去了。说到做到，经过一番改造后，小班小朋友也可以玩新玩具啦。为了安全考虑，大班小朋友还专门安排了人守在玩具旁为弟弟妹妹介绍和演示滑梯的玩法，教会他们玩滑梯。

（课程实施者：朱继文）

在本案例中，当幼儿园里玩旧滑梯的人越来越少，老师们开始思考要不要将其替换。这是基于教师对环境的观察而发现的现象，也是教师重视环境、关注环境的表现。朱老师那句“滑梯既然是孩子们的，就该由孩子来决定”的提议，把环境创设的主动权交还到了孩子手中，于是教师们开始倾听孩子的声音，开始了滑梯改造计划。过程中，教师充分尊重幼儿的想法，将孩子们的设计图与木工师傅的图纸反复修改，在幼儿的理想和技术的现实间做了很好的平衡，用实际行动鼓励和支持幼儿在真实的环境改造中学习。

难能可贵的是，环境改造不是一次性的，改造的玩具是不是真正能符合孩子的发展需求呢？教师们又持续跟进，组织了一次很有意义的现场环境研究活动，还邀请了大班孩子共同参与，检视改造情况。于是，在孩子们的建议下，又增加了两根可以拉的绳子。

后来，小班小朋友也想玩滑梯，可他们很难用小手拉着绳子爬上滑梯的斜坡。大班的哥哥姐姐们发现这个情况时，没有置之不理，没有视而不见，而是热心地立刻报告了老师，发起了帮助弟弟妹妹玩滑梯的讨论。最终孩子们想了许多办法，解决了这一问题。甚至为了安全考虑，大班小朋友还专门安排了人守在旁边为弟弟妹妹介绍和演示滑梯的玩法，教会他们玩滑梯。

由此可以看到，改造环境的主体不仅是教师，还可以是幼儿，他们在与环境互动的过程中获得了经验，更收获了社会性的发展。教师在前期改造的过程中充分尊重幼儿的想法，照顾幼儿自身的感受，用温暖和细心呵护着幼儿的游戏体验，无形中树立起了良好的榜样，打造了尊重与爱的精神环境。于是后期当大班幼儿发现小班的弟弟妹妹遇到困难时，也自发地为弟弟妹妹排忧解难，出谋划策。可见孩子们已经在劳动中获得了创新、奉献的劳动精神，变得更有担当，逐渐克服自我中心化的倾向，乐意主动解决弟弟妹妹的困难，已经逐渐从自我服务过渡到为他人、为集体服务。社群劳动的价值观已经在幼儿与环境和教师的互动过程中，在幼儿心中生根发芽。

四、提供灵活及时的反馈

埃里克森将 3—6 岁的儿童特征概括为“主动对内疚的冲突”，这时期的儿童乐于帮助成人做一些力所能及的劳动，如果幼儿表现出的主动探究行为受到鼓励，幼儿就会形成主动性，但如果成人讥笑幼儿的行为，幼儿就会逐渐失去自信心。积极、及时、适当的劳动反馈不但可以帮助幼儿形成良好的劳动习惯，更有利于幼儿的个性发展。教师通过积极的反馈对幼儿提出合理的期望，鼓励幼儿展现合理的行为，学前儿童的各项能力和品质便在这种长期往复的双向互动中得到较好地促进和发展。

这种反馈可以是对成效的即时反馈，如教师可以通过言语夸赞或肢体互动等方式对幼儿的劳动过程、行为、结果等进行即时的肯定。不仅如此，教师还可以进行延迟评价，采用活动的方式进行反馈，比如在较长一段时间后，幼儿的某项劳动技能或者某种劳动品质有了明显突破，再提供评价和反馈，如举办小小穿衣比赛、叠被子小明星等活动，这能帮助幼儿在活动中真正获得自信。

案例：七个谢谢

在与家长沟通的过程中，有这样一件有趣的事情。开开的妈妈找到我，满脸惊喜地说："老师，你知道吗？开开昨天帮我拿了一杯水，然后我没说话，他特别可爱地和我说，'妈妈，你应该说什么？'开开原来可是喝水都等着我们喂的，有时候放到嘴边都不喝，这次居然给我拿水。"看着妈妈幸福的表情，我会心一笑——开开发生这样的变化还得从我们开展的一个有趣的活动"收集 7 个谢谢"说起。

这是一个什么样的活动呢？非常简单，就是每天收集 7 个"谢谢"。那如何能让别人对自己说"谢谢"呢？这就需要小朋友们开动自己的小脑筋，先想一想平时我们经常说"谢谢"的场景，再通过自己的实际行动来收集他人对自己说的"谢谢"。第一次收集"谢谢"的时候，我们把任务环境定在了家中，家长也把孩子在收集"谢谢"过程中的精彩瞬间拍了下来。当我们看到孩子们的照片时特别感动，给妈妈拿拖鞋，陪爸爸下棋，给奶奶捶背，给妹妹换尿不湿等等。虽然都是一些力所能及的小劳动，但其中包含了很多教育契机，例如尊老爱幼、分享、谦让等等。家长们也是积极配合，每一张照片都帮助宝贝标注好了文字。于是我们更加坚定了继续开展这个活动的信心。

在第二次收集"谢谢"的时候，我们扩大了任务场景，可以是在家里，也可以是在幼儿园里，而且记录方式也变成了让孩子们用自己的方式来记录收集到 7 个"谢谢"所做的事情。有的小朋友是自己画的；有的是爸爸妈妈在旁边做了标注；还有的是爸爸妈妈和宝贝一起画的……随后我们把孩子们收集上来的"谢谢"进行了分享，活动过程中，孩子们的积极性非常高。

慢慢地，我们在幼儿园看到了孩子们身上的许多变化。活动仅仅开始一周，就明显发现我们班有越来越多的小朋友喜欢帮助别人了，班里面"谢谢"的声音也越来越多了！一天中午，小朋友们吃完午饭准备刷牙，此时就听到那句熟悉的声音："老师，我够不到牙刷，您能帮我够一下牙刷吗？"我正准备走过去时，只听航航和莘莘两个人连忙说："我来帮你，我个子高！我来帮你。"两人便争先恐后地冲乐乐跑去。只见航航三步并两步地来到乐乐的牙刷格子旁，一下子就把乐乐的牙刷拿了下来，不费吹灰之力。只听见莘莘略带委屈地说："航航，我先来的……"这时开开刚好刷完牙，走了过来，对莘莘小声说："莘莘，你能帮我把牙刷放回去吗，我够不着。""当然可以！""谢谢你！"这时，莘莘露出了笑容。由于小朋友们的牙刷格子高矮不一，有的在水池上面，个子稍微矮一点的小朋友就会很难够到，一是牙刷格子比较高，二是如果衣服紧紧地挨着水池，也很容易蹭湿。往常都是孩子们前呼后拥："老师！老师！"现如今却听到："我来！我来！"孩子们正在逐渐摆脱对老师的依赖，乐于助人的优秀品质正逐渐在孩子心中发芽。这个活动过后，我们也邀请了爸爸妈妈来分享孩子们的变化，家长们看到孩子们的变化，都非常欣慰和欣喜，同时这个活动也获得了家长们的一致好评。这就是"七个谢谢"隐含的魅力所在吧！

"谢谢"是一个非常简单但却有力量的词语。它是被人帮助后的一句礼貌用语，一句发自内心的感谢；它是得到别人帮助后对他人的一种肯定。收集"谢谢"的活动发挥了孩子们的主动性，而不是站在道德的制高点上教条式地要求孩子们做什么，这是孩子们探索道德的过程，是孩子在主动助人中感受快乐的过程，幼儿在这样的过程中获得了真正的发展。

（课程实施者：毕薇薇）

收集"谢谢"的活动本身就是一种能提供大量即时正反馈的活动，孩子们在做出行动之后即刻就能获得他人的感谢，这不仅让幼儿获得了心理上的满足，还能激发幼儿产生更多的主动行为。由于活动的要求，孩子们开始关注家务中那些力所能及的事情，并主动帮助家长完成一些家务劳动。帮助他人并得到"谢谢"，使孩子认识到帮助他人的意义，感受到乐于助人的美好，促进了助人行为的产生。由于需要收到 7 个"谢谢"，孩子需要在一段时间内，认真观察不同家庭成员、不同伙伴、不同教师等身边的人在忙的事情，观察他人，猜想他们需要的帮助，并适时地为他人提供帮助以获得"谢谢"。因此，在活动过程中，孩子不仅懂得了帮助他人的意义，还慢慢养成了帮忙做家务的习惯，培养了乐于助人的美德。此外，活动还培养了幼儿感恩的意识。活动过程中，在成人有意识的引导下，幼儿逐渐体会到自己的衣食住行都来自于身边人的默默付出，而这种付出是源于人们心中的爱。因此，孩子在行动中更加深刻地了解他人的付出，逐步体验到"谢谢"的内在含义——发自内心的感激。

综上可得，教师若想做好社群劳动课程中价值观的引路人，劳动课程的建构者，幼儿活动的支持者、合作者，就需关注幼儿的真实需要，设计课程支持探索，创设环境鼓励学习，同时提供灵活及时的反馈，为幼儿的发展提供全方位的支持和助力，在社群劳动中促进幼儿全面发展。

第六章

社群劳动课程的评价与反思

第一节
社群劳动课程评价的概述

评价是课程四维结构中的重要组成部分，是反馈教学过程的重要手段，它能够有效保证课程实施的效果。幼儿园课程评价，是对幼儿园课程的价值进行研究的过程，是幼儿教育工作的重要组成部分。幼儿园课程评价有助于了解教育工作的适宜性、有效性，有助于调整和改进教育工作，从而提高教育质量，更有效地促进教师和幼儿的共同发展。

社群劳动课程的呈现形式是多种多样的，包括主题活动、区域活动、领域活动等等。课程的内容来源于幼儿的生活实际，教师需要细致捕捉幼儿实际生活中的兴趣点并及时发现可能产生教育影响的事件，以教师为主导，以幼儿为主体，采取生成与预设相结合的方式形成课程内容。

课程评价是价值判断的过程，可以根据评价对象、主体、目的和手段等的不同划分为不同类型。社群劳动课程形式的多样化决定了评价方法的多元化，可以根据社群劳动课程的内容与形式选择不同的评价类型与方法，使评价能真正促进幼儿、教师的发展，促进课程的完善。对社群劳动课程的评价会让教师将关注点集中于社群劳动的内容选择是否适合幼儿的年龄特点，课程的设计与实施是否符合幼儿的发展水平，以及发现幼儿课程中的问题，通过发现问题去解决问题，从而完善课程。

评价要尽量客观，避免偏见，这是评价应持的一种科学态度。为此，应重视多渠道地收集不同方面的资料，汇集来自教师、幼儿、家庭等各方面的信息，如实地加以分析与描述，包括对幼儿长期连续的观察和记录、来自家长和其他教师提供的信息与资料、幼儿的学习作品与可见的活动成果、幼儿的言语或非言语表达资料、幼儿在不同活动组织方式中的表现等，力求对活动效果或幼儿发展评价的真实、客观、公正，以保证准确、全面地评价幼儿。

一、社群劳动课程评价的途径与方式

高质量的社群劳动课程，既要关注课程质量的评价，又要注重课程效果的评价。其中课程效果评价包括幼儿发展评价以及教师发展评价。

（一）课程质量评价

1. 课程设计之前，教师需要对课程的设想、幼儿的需要和兴趣、教育资源、活动场地等进行评价，具体包括该课程是否符合幼儿的年龄特点，该课程可具体分为几个阶段，该课程每个阶段设置的目标是否适合班中幼儿的发展等。

2. 课程开展过程中，教师需要对幼儿活动的过程性资料进行设计与收集，主要是对课程当中幼儿的表现以及教育目标的达成情况进行分析，同时结合本班幼儿的情况对目标进行调整，并对调整后实施课程的情况做出评价。

3. 课程开展过后，教师对课程实施效果的评价，包括实施课程中的生发性课程，教师反思的成果等。例如，在社群劳动课程实施后，针对课程目标、重难点、与幼儿年龄特点是否相符等方面进行有目的的重点评价。

（二）课程效果评价

幼儿以及教师的发展是课程效果的直接体现，是课程各层面的最终目标所在。因此幼儿发展评价与教师发展评价至关重要。

1. 幼儿发展评价

幼儿发展评价是对幼儿发展过程中信息的收集与梳理总结，教师通过将幼儿在课程实施前的水平与实施课程后达到的水平做对比，了解幼儿的发展情况，以便分析原因，调整教育措施，改进、完善课程计划。《幼儿园教师专业标准（试行）》在专业能力上，要求教师具备激励与评价的能力，运用观察、谈话、作品分析等多种方法，客观全面地了解和评价幼儿，并有效运用评价结果，指导下一步教育活动的开展。社群劳动课程对幼儿的发展性评价包括以下几种：

（1）“图书制作”法

幼儿作品寄托着幼儿的思想，包含着幼儿的情绪和需要，所以在进行幼儿发展评价时，作品是不容忽视的。在课程中，教师通过观察幼儿的语言、行为、表情等分析幼儿的发展情况，鼓励幼儿以视频、图片或者绘画的形式记录下自己感兴趣的主题或者事物，形成“问题图书”或者“兴趣图书”等。课程结束后，幼儿可以针对自己的收获制作“活动手册”，让自己的学习过程可视化，以此来进行阶段性和过程性的自我评价和他人评价。

在“咔嚓咔嚓照相馆”活动中，幼儿对照相馆的细致“工作”进行了讨论和调查。教师遵循着让幼儿自己发现生活中的真实问题并解决问题的原则，以谈话活动为教育契机，围绕着“照相馆”与幼儿聊一聊、说一说，记录幼儿的兴趣点，捕捉幼儿多方面的问题信息。

谈话活动：

乐乐：照相馆可以照什么样的照片呢？

程程：可以给客人怎么装扮呀？

心怡：照相馆里都有哪些服务人员？

君君：拍照时有什么要求吗？

阳阳：怎样才能吸引客人来到照相馆照相？

锦锦：接待员怎样招待客人？

晨晨：怎样才能照出好看的照片？

雨桐：客人没带钱怎么办？该怎么缴费呢？

培林：如何让小客人摆出好看的动作？

马达：照相馆里面都有什么？

……

老师：想一想我们可以从哪里找到答案呢？

厚贤：可以回家问爸爸妈妈。

文睿：问哥哥姐姐。

沛辰：问老师。

龙月：可以去参观照相馆，从照相馆里找答案。

小朋友用绘画和照片的形式标注这些问题以及问题的答案，并将在服务过程中需要注意的问题记录下来，装订成册。

（2）儿童访谈法

在课程实施过程中，教师可以看到活动现场孩子们的表现，但是要想深入了解幼儿行为背后的原因，了解幼儿的思考过程，就必然需要通过访谈的方式随时和幼儿沟通，例如幼儿对接下来开展的课程是否有不一样的想法等，以此来评价预设课程与现有实施课程的关系，以便指导教师对后续课程的改进。

在“谁说自行车只能骑”活动中，面对损坏、缺件的自行车，小朋友们展开了头脑风暴，讨论得热火朝天。

小风：反正都是坏的，扔了算了。

阳阳：可以把零件拆下来玩。

东东：我觉得还是先修车吧，修好了我们就可以骑了。

教师引导幼儿通过小组讨论、举手投票的方法对废旧自行车的“营救计划”进行了投票，最后的结果是支持修车的人数最多。于是“营救废旧自行车”计划就开始了。

（3）家园合作法

家长是幼儿园的重要合作伙伴，家长参与幼儿发展评价具有其他人员无法比拟的优势。家庭环境更能让幼儿感到放松，幼儿在家长面前所表现出的行为、语言更加自然，家长能够提供教师在园内无法观察到的、更真实、更全面的信息，有助于教师对幼儿的发展做出全面综合的判断评价，所以家园合作非常必要。在课程实施后，教师需要与家长及时进行沟通，以便了解幼儿已有经验与现有经验的融合情况，对幼儿进行综合性评价。

在课程“邀约”中，大班的哥哥姐姐邀请弟弟妹妹们来幼儿园参加“宝宝运动会”。运动会项目设置为弟弟妹妹们喜欢的游戏。那么弟弟妹妹喜欢玩什么？喜欢干什么呢？我们通过向其爸爸妈妈询问，以视频连线的方式调查收集游戏项目，并进行了汇总。最终投票选择了最受欢迎的6个项目。于是，“宝宝运动会”就开始了。

小朋友们耐心细致地接待了小客人，一路上帮他们拿书包、玩具，“嘘寒问暖”，温暖热情，他们是合格的接待人员。“宝宝运动会”中，小朋友们对运动项目的解说、对材料的摆放与收整、对美好瞬间的记录，都做得有模有样。

“宝宝运动会”取得了圆满的成功。通过与幼儿家人的沟通交流发现，参与课程的小朋友们在家中能帮助弟弟妹妹们穿脱鞋袜了，能帮助爸爸妈妈收拾整理衣物了，他们把在课程当中学习到的“照顾”与“劳动”的经验迁移到了实际生活，这充分展示了对幼儿进行综合评价时家长评价的重要性与必要性。

（4）量表评价法

社群劳动课程的实施过程是幼儿能力逐步发展的过程，社群劳动课程是综合性课程，在具体的实施过程中，涉及到语言、社会、科学、健康、艺术五大领域，彼此之间密不可分。对社群劳动课程质量的评价主要依靠对幼儿发展能力和水平的评价，因此，我园按照园本课程FTYY的架构把劳动社群课程的评价标准进行了简单的归纳。

社群劳动课程幼儿能力发展评价表

七彩儿童	目标	关键词
赤—艺术智能	1. 能用多种工具、材料或者不同的表现形式呈现活动计划或者活动安排。 2. 参加不同形式的劳动，知道搭配相应的服饰。 3. 积极参与不同形式的社群劳动，承担相应的拍照、设计、布置等任务，懂得拍照、设计之美。 4. 参加表演、主持等展示性的活动时，能够大方地进行展现，表演流程完整。	热情积极
橙—数理逻辑和空间智能	1. 尝试用数数、排序、比较、自然测量等方式解决劳动中的各种问题。 2. 在劳动中感受和体验所学的数学知识，感知数学的有趣。 3. 能够运用现代信息技术手段找到参加活动的地点，理解空间方位与自身的关系。	创造探索

续表

七彩儿童	目标	关键词
黄—语言智能	1. 在劳动活动中，积极表达自己的看法和见解。 2. 能连贯清晰有序地说清楚自己负责的劳动任务或服务的对象。 3. 商议小组问题时，懂得按照次序轮流讲话，不随意打断别人的发言。	自信 真诚
绿—身体运动智能	1. 身心健康，积极愉悦地参与劳动。 2. 敢于合作挑战使用绳子、锯子、胶枪等不常用的工具，手眼协调，同时保护好自己的安全。 3. 在活动中能够注重自身的卫生健康，也能够提醒他人注意卫生健康。	合作 健康
青—自我认知智能	1. 在执行活动计划的时候，能认真负责地完成自己所接受的任务。 2. 知道自己在劳动活动中是一个独特的个体，能够认识到自己的职责。 3. 感受到认同和理解，为自己的成长而开心。 4. 遇到困难的时候，能够积极想办法，通过查阅资料、询问成人、求助网络等途径解决问题。	责任 执着
蓝—自然观察智能	1. 能用自己的方式把自己观察和思考的内容呈现出来，尝试用多种方式记录结果。 2. 能够感受和发现周围环境的变化。 3. 提前了解天气、气温等的变化，懂得为活动做好相应的食物、衣物等准备。	观察 思考
紫—人际交往智能	1. 参与小组活动和劳动活动，表现对劳动的热爱和对社群服务的期待。 2. 懂得合作和谦让，能和同伴、教师和其他参与活动的人友好相处。 3. 能够识别和发现他人情绪的变化，并相应地改变语言或者行动。 4. 在劳动中，能够认真倾听他人的建议或者想法，思考后进行实施。	文明 友善

注：以上七种智能分别采用赤、橙、黄、绿、青、蓝、紫色来进行区分。

2. 教师发展评价

社群劳动课程中，发展评价是对整个课程中参与者、实施者发展变化的评估。发展评价的对象不仅仅是幼儿，还包括对参与课程活动的教师的发展评价。课程的设计与实施会受到教师的能力水平、幼儿园资源、环境、幼儿人数等的限制。如果条件不满足或者不匹配，社群劳动课程容易使幼儿的自主探索与实践流于表面。因此，教师在整个过程中会对课程进行全面的、系统的设计。在阶段性课程后会进行总结、自我反思与课程调整，这是一个动态的持续性的过程。因此，社群劳动课程的设计与实施会激发教师的发展潜能，提高教师的决策能力、管理能力、控制能力与反思能力，促进教师的专业化发展。

二、社群劳动课程评价的原则

（一）发展性原则

发展性原则，顾名思义，课程的实施能促进幼儿各方面的发展。个体的发展有其内在的规律，也会因个体所处环境的不同而发生不同的变化，因此，发展是“内外联动”的过程，具有多样性与可塑性。从社群劳动课程的实施方式来看，社群劳动课程包括区域活动、班级主题活动、园所主题活动、社区活动等不同场所、不同主题的活动，在不同的活动中可以促进幼儿的认知、技能与情感的发展。

（二）个性化原则

社群劳动课程是根据本班幼儿的年龄特点、需要、兴趣以及园所资源等，在教师的引导下，由幼儿引发生成，教师设计实施的课程，因此不能只按照统一的、标准的手段和方法进行评价。实施课程时，可以根据幼儿发展特点设置不同阶段的目标，差异化的目标可以发挥评价的激励功能。评价时还要考虑幼儿在环境、认知、情感以及已有经验等方面的差异，并进行针对性的评价。

（三）多元化原则

多元化是指评价主体的多元化、评价内容的多元化、评价方法的多元化以及评价标准的多元化。

评价主体的多元化。在社群劳动课程中，教师并不是评价的唯一主体。幼儿、家长、幼儿园的工作人员、社区的工作人员都可以作为评价的主体。不同的评价主体会通过不同的内容、方式等参与到评价中，丰富评价体系，完善课程的实施。教师是课程的主要设计者与执行者，也是主要的评价主体。在课程实施过程中，教师与幼儿形成了良好的互动关系，通过与幼儿的互动、交流，了解幼儿的发展状况并及时改进教育措施。幼儿既是参与者也是评价者。幼儿会在参与课程的过程中发出“一百种声音”，教师要善于捕捉有利于课程改进的有效信息。而幼儿参与评价的过程，会让教师真正将焦点聚集到幼儿身上，尊重幼儿的需要和兴趣；家长是重要的参与者，家长可以根据幼儿的变化与表现提出对课程的看法；园所其他工作人员以及社区的工作人员也可以站在不同角度，根据课程中孩子们的真实表现提供反馈意见，提高评价的全面性。

评价内容的多元化。评价时不仅要看到结果，更要考虑过程，既要体现共性又要关注个性。评价内容的多元化关注了各种不同的因素，而不仅仅是结果。首先，结果是很重要的一部分，它反映了幼儿的产出和成就。其次，关注过程可以让我们看到幼儿在达成目标的过程中所付出的努力和所采用的方法。这可以帮助我们识别出他们的优点和需要改进的地方，而且也可以为他们提供更有针对性的反馈。另外，评价中体现共性和关注个性也是非常重要的。共性评价可以让我们看到所有幼儿的共同点，有助于我们理解某一阶段幼儿的需求和兴趣；而个性评价则可以让我们看到每个幼儿的独特之处，有助于我们识别出他们的独特能力和潜力。

评价方法的多元化。既要有质性评价又要兼顾量性评价，既要有过程性评价又不能忽视结果性评价，既要有形成性评价又要有终结性评价。质性评价方法可以提供更深入、更具体的信息，这种评价方法可以通过观察、访谈、作品分析等方式来收集信息，从而让教师更好地了解幼儿的表现。而量性评价方法可以提供准确的数据信息。过程性评价方法可以帮助我们发现幼儿在学习中遇到的问题，并及时提供帮助。形成性评价方法可以让我们了解幼儿在学习中的进步和发展。评价方法的多元化可以提供更全面、更准确的信息，有助于识别出学生或工作者的优点和需要改进的地方，同时也可以为他们提供更有针对性的反馈和指导。

评价标准的多元化。因为评价主体具有多元化，因此评价标准也是多样的。每个评价主体都有自己的兴趣与价值观，是根据自己的主观意愿做出的价值判断，因此形成了多元的评价标准。

（四）连续性原则

课程评价是一个连续性的过程，课程的形成、课程的设计、课程的实施、课程的总结与反思都是动态的、连续性的发展过程，是一个逐渐完善的过程。在社群劳动课程的每一阶段都要进行评价，这涉及到了多元化的内容、多元化的主体与多元化的方法等，是突出了动态和连续性的完善过程。因此，课程评价不是一次性的、终结性的，而是持续性的。

（五）对话性原则

对话性原则是指不同评价主体之间的对话，包括教师与幼儿的对话，园所参与者与教师、幼儿的对话，家长与教师、幼儿的对话等等。这种平等的对话式交流使各个主体带着自己的“认知经验”达成“共识”，使自己的“世界”得以扩展，使各个评价主体互相理解，得到最丰富、完善的评价反馈。

三、课程评价的效益

（一）满足幼儿的兴趣与需要

课程评价使课程内容与幼儿的生活实际相联系，更加符合幼儿的兴趣与需要。

大班课程“香包处上新了”源于班中小朋友的姥姥送来的“对付”蚊子的香包。一个看似不起眼的小香包，让小朋友充满了探究欲望。在主题实施前，教师对班级小朋友制作香包的想法作了调查，发现大多数小朋友对香味的来源很好奇，因此，初步将重点设置在香料的收集上。除此之外，年级组教师也对该课程展开了交流讨论，大家发现，香料制作可以作为该课程的难点，重点的设置可以根据小朋友的年龄特点进行调整。因此，经过对课程的初步评价，最终确认了“寻找香料——晾晒香料——制作香包——售卖”几个步骤。过程当中，对香料的收集、晒干、制作皆是小朋友亲力亲为。

从生活中着手教育，从孩子们的生活和实际经验出发，最终回归到生活中去。通过观察香包、闻香包、问关于香包的问题，充分调动了小朋友的视觉、嗅觉、听觉以及提出问题、解决问题的能力。幼儿通过讨论、交流关于课程的想法，确定其兴趣和需要。课程评价使课程的内容与形式更加贴近幼儿的实际生活，更加符合幼儿的发展要求。

（二）保证课程的系统性与完整性

课程评价有利于课程动态的持续性的建构，保证课程的系统性与完整性。

课程“小狗的便便”是通过班级中的“臭臭的味道”引发的。从发现问题——臭味来源于幼儿园门口的小狗便便，讨论问题——这些便便怎么来的，再到解决问题——处理便便的工具和方法是什么，整个过程设计流畅自然，也符合小朋友的兴趣与需要。在实施过程中发现，单纯的劳动课程缺少情感的渗透。

因此，教师通过对课程的理解与对当前实施课程的阶段性评价，增加了幼儿的发展目标，确立了后续的课程方向。根据课程中小朋友提出的问题，使用适合的方法引导其后续的活动学习。

在课程实施过程中会出现“预设”教育目标与实际活动的发展目标冲突的情况。因此，在课程实施过程中的评价会使当前课程与“预设”课程产生的偏移“融合”，生发出新的课程和教育目标，使课程更加符合幼儿的发展。

（三）促进教师专业能力的发展

课程评价会使教师进行课程设计、实施等教育行为的自我反思，促进教师专业能力的发展。

课程“绿色出行”中，小朋友对怎么帮助社区的叔叔阿姨“处理”共享单车的问题进行了小组讨论，并初步制定了自己的方法。在方法制定的过程当中，教师的初步引导提示过多，导致小朋友在课程当中的自主性降低。通过第一阶段的实施，教师进行了反思，意识到了自己的问题，在后续的教育行为中“放权幼儿”，给予他们充分的自主权和决定权。

教师审视课程实施的过程也是课程评价，通过发现幼儿的问题，分析、研究、解决课程的不足以及在课程实施中出现的问题。对课程的评价可出现在课程的任一阶段，渗透于一日生活之中，这是教师迅速成长的方式。教师在实施阶段的自我评价、他人评价都会对幼儿的语言学习、技能学习、情感教育产生重要影响。这种不断反思的过程，能提升教师对课程的设计、调整与控制能力，促进教师的专业化发展。

第二节
社群劳动课程的质量评价

我国各省市学前教育质量标准具有共同的理论基础， 那就是以《纲要》为指导，以《 3—6 岁儿童学习与发展指南》为依据，各省市针对改革与发展的实际情况，修订幼儿园分级分类验收标准或示范园评估标准。北京市颁布《北京市幼儿园办园质量督导评估标准》，按照该评估标准，对园所整体质量进行评价。在此文件中，针对“保育教育”部分，具体分为教育理念、环境创设、生活活动、游戏活动、教育活动、户外活动、幼儿评价七部分来细化，可见都指向幼儿园的日常生活和环节。

针对社群劳动课程的质量评价，我们在实施过程中不断进行探索和研究。质量，顾名思义，是指客体的一组固有特性满足要求的程度；课程质量便是课程的实施对于受教育者的适配程度。参照南京师范大学虞永平教授在《学前课程与幸福童年》一书中的阐述：“课程质量评价是要探索课程的编订和实施是否符合教育目的，适应幼儿的特点；通过课程的实施，是否收到了预期效果；课程在什么方面有什么改进；等等。”按照此界定，在探索劳动社群课程的质量评价过程中亦步亦趋，逐步进行。

一、社群劳动课程的质量评价模型

我园开展的社群劳动课程质量评价模型与课程的 FTYY 风车模型一致，因此，质量评价主要包括四个方面，幼儿评价、教师评价、家长评价和社群评价。

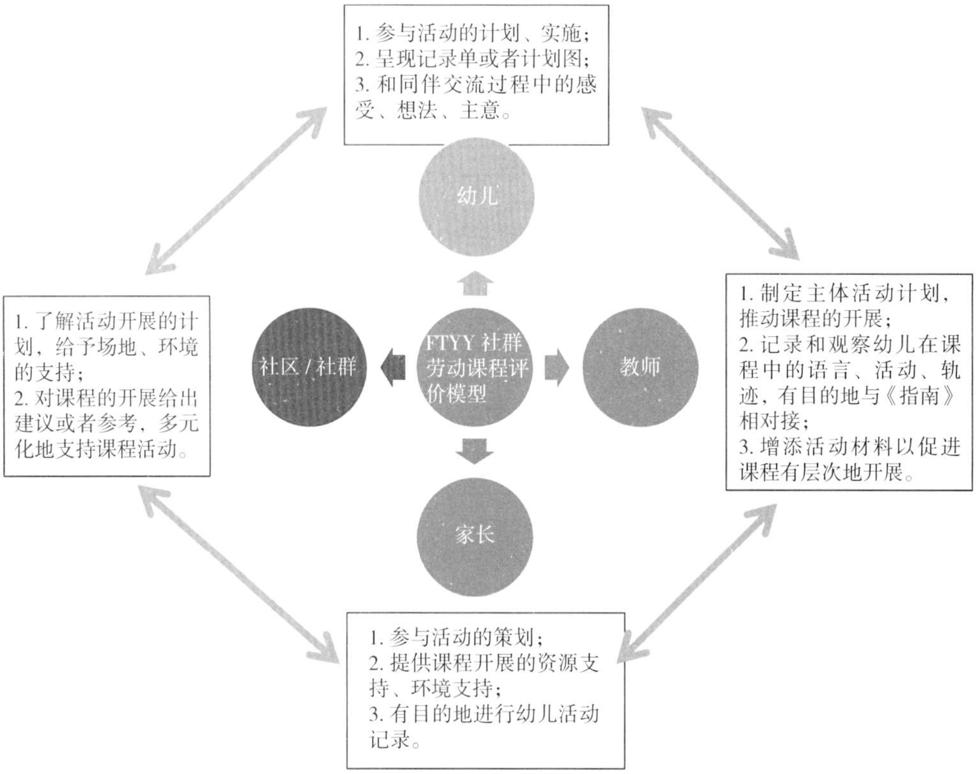

二、教师在课程质量评价中的主体性

教师不仅是社群劳动课程的实施者和推动者，同时也是课程评价的主体，正因为其身为教育者承载的特殊作用才能让课程的开展丰富多彩。教师在课程质量评价中以过程性评价为主要形式，其中包括对课程思路的评价、对课程实施的评价以及对课程结果的评价。

1. 教师对课程思路的评价

社群劳动课程的开展是一个动态变化的过程，正如劳动的迭代形态一样，劳动本身经历了从手工劳动到机器劳动再到智能劳动三种形态的迭代发展，那么课程思路主要体现在教师的文本之中。在开学初，针对班级中主题活动的开展，老师们进行了简短的交流。

中班的一位老师想开展红色主题活动，利用“抗日战争纪念馆”的地方资源，让孩子们在观摩抗日纪念馆的过程中，知道今日生活来之不易。这位教师说道：“抗日战争纪念馆离我们幼儿园有八公里远，是丰台区红色教育基地，这是一座全面反映中国人民抗日战争历史的大型综合性专题纪念馆。开展此主题活动的过程中，要先让孩子了解里面的历史文献和战争实物，然后懂得幸福生活来之不易，最后向社区或园内外小朋友进行宣传教育。”

从教师的课程思路中，可以看出教师想利用周边的社会资源，以宣传教育的形式落实社群劳动教育，但是考虑到纪念馆中的文献和实物一定程度上超出了中班幼儿现阶段的认知水平，因此，教研过程中，其他教师建议从孩子熟悉的、喜欢的地点入手，例如纪念馆旁边的卢沟桥、桥上的小狮子等，按照幼儿已有的经验推进课程。

审视课程开展的思路，从以往课程的开展中吸取经验，思考如何有效推进将要实施的课程，如何从幼儿的经验和兴趣出发，有针对性地对课程进行调整，这关系到社群劳动课程开展的质量，也关系到孩子是否能够深度学习。

2. 教师对课程实施的评价

课程实施的路径是多种多样的，重要的是教育资源和教育主体之间相互联系，形成合力，推动课程走向新的高潮，因此，每一次活动的开展都不能割裂来看，需要放在完整的主题下来看。

大班的孩子在每月搬运被子回家方面有了新的方法，教师记录道：

孩子们还零零碎碎说了很多关于自己平时搬被子回家的心得，有的“大力士”小朋友很骄傲地说拎被子下楼完全不累。具体到一些方法，比如，找一个带子宽的大袋子，这样不勒手；把袋子扛到肩膀上，省力；下楼后借助园内小车拉着被子走，不用扛着……有同理心，愿意帮助他人是孩子成长过程中培养人际交往能力的重要环节，当孩子萌生了帮助他人解决问题的想法时，教师当然不能忽视，并以此为契机展开活动，通过对孩子的访谈倾听孩子们的想法。之后带领孩子进行实际体验，过程中请孩子们拍照，收集四散的“珍珠”，最后将这些“珍珠”串在一起，请孩子们总结，绘制出问题地图。

教师以观察记录的形式详细记录幼儿在活动过程中的表现，以及作为教师在组织活动中的心得体会，对课程的实施过程进行简短的反思，并作为下一阶段课程推进的依据。

课程质量评价不仅包括对实施过程中参与者、推动者的言行评价，作为园所的教育者，还会提供相应的评价表格，表格涵盖了课程实施所依托的区域活动、教育活动、生活环节、户外活动、主题环境等方面，并制定了客观的评价标准，鼓励教师自评或者教师之间互评。

例如下面的区域活动观察表和社群劳动课程集体教育活动评价表。

区域活动观察表

区域名称		观察幼儿	
一、活动背景			
二、活动内容与过程实录			
三、活动的价值			

社群劳动课程集体教育活动评价表

执教教师：　　　　　　执教年龄班：　　　　　　评课教师：

项目	评价标准	评分
目标 10 分	活动目标明确具体，符合幼儿年龄特点和已有经验，能关注幼儿劳动情感、态度和劳动能力的培养。	
内容 10 分	适合幼儿年龄特点、兴趣和需要，材料丰富，利用的劳动资源合理并且具有一定挑战性。	
活动过程 60 分	1. 教师能关注来自幼儿的信息，针对幼儿劳动过程的情况及时进行分析、判断和灵活应对，引发幼儿进一步的思考与经验拓展。（10）	
	2. 教师提问具有开放性、针对性和挑战性，尤其能调动幼儿解决问题的积极性。（20）	
	3. 充分发挥幼儿主动性，幼儿愿意参与劳动服务的过程中，知道本次活动指向性。师幼互动积极有效。（10）	
	4. 教学方法灵活多样，趣味性、活动性强，寓教于游戏。（10）	
	5. 重视幼儿自主互动，实现分层指导和个别指导。（10）	
教师行为 10 分	讲解清晰，语言亲切规范，富有感染力，教态自然、生动形象，操作演示熟练。	

续表

项目	评价标准	评分
幼儿发展 10 分	幼儿能积极主动参与社群劳动过程，乐于表达自己在劳动前的计划、劳动中的思考和劳动后的收获。	
点评		

3. 教师对课程结束的评价

我园从 2012 年开始，每两年会召开一次教科研年会。教科研年会中，以教育教学过程中教师所面临的各种问题为研究对象，共同发现问题、研究方法，总结分享经验和管理智慧。在教科研年会中，教师们会对自己和他人开展过的课程进行进一步的反思和评价。

如马宁老师的“我是快递柜守护者”的活动，讲述了孩子们在快递柜取快递的时候，发现了上面的鸟粑粑，于是开始用各种办法清扫柜子，确保柜子干净整洁，方便小区的人们去取放快递。在马老师分享后，我园教师针对此课程进行评价：

骨干教师王老师：每一个小故事都是一个课程。在整个活动中，我看到马老师用心地“观察”和“记录”，她会记录幼儿的表现，包括孩子们的兴趣点和活动过程中遇到的问题。

青年教师崔老师：马老师整个过程中都体现了“等一等”，当孩子们遇到困难的时候，她会等一等关键时刻孩子的反应和解决策略，等一等孩子们的想法，等一等孩子们解决问题的措施。

新教师刘老师：社群课程服务的对象是社区中不确定的人，因此不可避免地会出现各种情况，正如这次课程中，“拉不脏”安装上没有几天就被迫“下岗”了，因为有人告诉大家，快递柜属于公共资源，不能够随意安装或粘贴。听到这个消息，孩子们非常失落。我觉得这也是社区劳动课程的优点，让孩子们有了更加真实的体验，也明白了劳动服务就是要做好自己不求回报，可能这就是社群课程更加有深度的内涵吧。

在类似总结性的教科研年会或者期末课程分享会上，教师们会分享一学期或者一学年的课程，尤其是社群劳动课程，这是近两年的研究重点。教师是课程实施的主人，更是课程评价的主体。在课程理念的指导下，以自身业务水平为基础，在交流和分享中进行学习。在这样的评价中，教师可以发现其他人的创新，也可以指出不足之处，每一次的评议都是一次取长补短、携手共进的过程。

三、幼儿是课程质量评价中的参与者

社群劳动课程实施的最终目的是促进幼儿的德智体美劳全面发展，因此，幼儿是课程的受益者，也是课程的推动者，在参与过程中感受着课程的魅力。幼儿对课程质量的评价可以保证课程的适宜性，是教师实施课程、调整课程的有力依据。

幼儿参与课程时，对课程实施的过程会有自己的想法，但是受到年龄特点和表达能力的局限，不可能像成人一样用表格或者语言阐述出对活动的评议或者评价，而是在参与的过程中，通过自己的语言、行为、绘画作品、计划图等，间接表达对课程质量的看法，体现出课程与幼儿发展之间的内在契合度，这些典型的契合度、适宜度可以看做幼儿对课程质量的评价。

比如：班级每日会发通知给爸爸妈妈，但是爷爷奶奶没有手机，也不在班级群中，但是接孩子的基本是老人，为了让老人更好地了解幼儿在园内的活动情况，大二班的孩子开展了“晚离园汇报”的活动，以服务于班中老人。

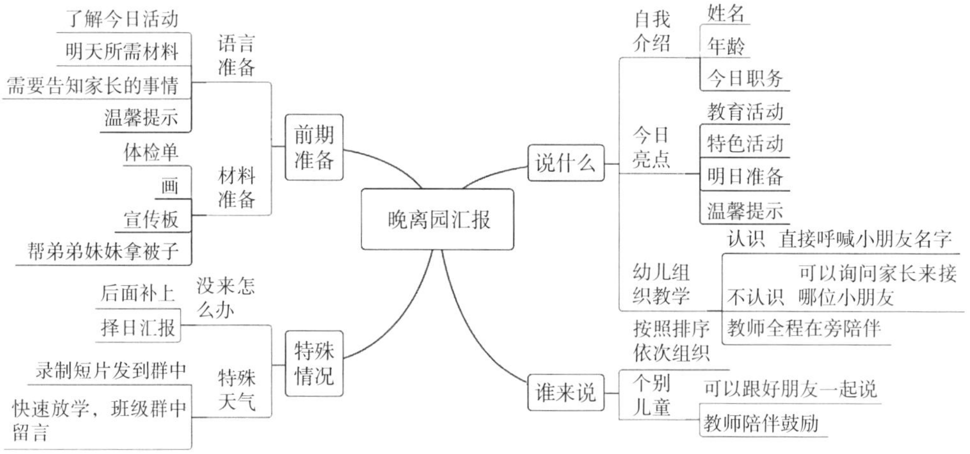

幼儿通过已有经验及教师梳理，培养独立自主的任务意识，在活动前学会计划，大胆发表自己的见解，敢于陈述自己的观点。例如，孩子们会把当天在幼儿园吃到的好吃的食物告诉爷爷奶奶：“我们今天晚上吃了美味的意大利面，每个小朋友都吃了两碗以上，回家吃水果和酸奶就行，不用再吃主食啦。”或者，把第二天需要准备的事项告诉他们：“各位家长好，明天有雨，所以记得穿厚衣服，提前准备雨衣雨鞋哦。”

在课程实施过程中，幼儿对活动很感兴趣，能够专注地倾听伙伴或老师对活动的想法；积极参与有关活动的讨论，并能贡献自己的想法；对劳动中遇到的困难不放弃，愿意通过查阅图书、询问他人等各种办法解决问题；在参加完社群劳动后，感到满足，心情愉悦，并且能在活动中肯定自己……以上的表现都是幼儿作为参与者对社群劳动课程的肯定，也就是积极的评价。

另外，孩子的情绪状态也是孩子参与评价的重要指标。例如，在“二胎宝贝走进幼儿园”的活动中，孩子们准备了白色的毛绒地毯，让一名 2 岁的小弟弟在上面玩耍，豆豆反复说，要把鞋子脱下来，可是小弟弟直接跑上去，白色的地毯上有了脚印，豆豆很生气地说：“都脏了，把鞋脱下来。”可是小弟弟还是哒哒地跑着，豆豆便把小弟弟抱下来，叹了口气：“我帮你把鞋脱下来吧。”帮助小弟弟脱下鞋之后，就开心地和小弟弟进行互动。幼儿参与活动时，情绪状态较积极，脸上多是轻松愉快的表情，遇到问题能够积极想办法解决，这些都是幼儿对课程正向的评价。

四、家长是课程质量评价中的共建者

在社群劳动课程实施近三年的过程中，我们一直把家长放在课程实施伙伴的位置上，不断更新家长的教育理念，改善家长的教育行为，让家长成为此课程的共建者。

我园的理念是“人人都是教育者”，社群劳动课程的开展不同于以往的课程，劳动课程在动手实践中促进成长，社群劳动和通俗意义上的劳动相比，更具群体性的特点，就是更多地服务于他人。表面来看，是孩子在不断地付出，但是深层意义上，劳动促进孩子幸福指数的提高，更容易让孩子看到劳动所带来的变化。因此，让家长成为课程的共建者才能让社群劳动课程的影响走向深入。

1. 课程实施前参与意见

在课程开展计划阶段，教师都会组织班级家长会，在家长会上阐述开展此课程的原因、孩子的表现、与《指南》目标的对接情况等，然后和家长共同商议、梳理计划。因为家长来自不同的社会群体，有着不一样的经验背景和工作环境，看待问题的角度也更多元。在与家长讨论的过程中，教师逐步把班级课程开展的脉络理清楚。

在开展慰问干休所老人的活动中，教师原计划制作好贺卡，在节目表演结束之后，让老人派代表上台领取。在社区工作的悠悠爸爸说道：“让每个孩子走下台，把贺卡送给每一位老人，这样不仅每个孩子都有把自己亲手制作的礼物送给老人的机会，而且老人觉得被幼儿园的小朋友惦记着，也会很开心。”我们积极听取了悠悠爸爸的建议，此环节在开展的过程中一老一小有爱互动，非常温馨。结束后，孩子们纷纷说着爷爷奶奶勉励他们的话，感受来自干休所长辈的叮咛与关爱。

2. 课程实施中客观评价

社群劳动课程是由一个个小活动串联而成的，家长在开展的过程中，作为共建者，要及时走进幼儿园，观察孩子的表现，根据孩子的表现给予客观评价，和教师一同把握课程的走向。一般情况下，教师会根据不同的社群活动设计不一样的评价表格，请家长参与进来，参考表格，与教师共同完善课程评价。

比如“社区二胎宝贝走进幼儿园”的活动中，教师设计了如下的家长观察表。

社群劳动课程家长观察表

序号	参照指标	等级评价（用五星表示）	描述记录（将幼儿表现进行客观记录）
1	能主动发起活动，并能在活动中出主意、想办法，确保活动能够顺利开展。		
2	能主动承担照顾弟弟妹妹的任务，当弟弟妹妹不配合的时候，能够积极想办法解决。		
3	能够关注弟弟妹妹或者同组伙伴的情绪和需要，并给予力所能及的帮助。		
4	和同组小朋友意见不一致的时候，能够倾听别人的想法，不接受的时候会耐心说明理由。		
5	在活动中感到快乐和满足，没有或者极少出现负面情绪。		

五、社群成员是课程质量评价中的推动者

社群，广义而言，是指在某些边界线、地区或领域内发生作用的一切社会关系。它既可以指实际的地理区域内发生的社会关系，也可以指较抽象的、思想上的关系。社群劳动则可以指在班级内的劳动、园所内的劳动、园所所处社区内的劳动或者是园所所在的更大区域内的劳动。从这几个层面来看，社区或者社群的评价者可以确定为班级内的孩子、幼儿园内的孩子或者老师、社区中的居民或者此项课程开展过程中涉及到的一切社会人员。

社群劳动课程开展的受益者或者体验者是从局外人的角度来看待活动，他们一般会在毫不知情的情况下参与活动，那么他们本身的体验或者感受也更加真实，因此劳动过程中的评价会把课程推向新的高潮。

1. 班级内的质量评价者

班级内的质量评价者是指班级内的小朋友，常见的是班级值日生，值日生需要承担班级内的劳动任务，这可以锻炼幼儿的自理能力和任务意识，值日生负责的主要事项有擦桌椅、扫地、提醒小朋友们遵循洗手步骤、饭前帮助其他幼儿放袖子、分发餐具、整理桌椅等。这些劳动的受益者是班级内的幼儿，因此，他们既是参与者又是评价者，简言之就是共同推动此项活动开展的人。

孩子们洗手完毕后，会发现水池台子上有水渍，怎么办呢？这时候，孩子们想出了好办法，制作提示牌，告诉小朋友们洗手的时候要开小水，防止水珠溅到台面上，同时提供刮子工具，不小心溅出来的水滴可以用刮子刮到水池中。值日生也增加了一项工作内容，就是提醒洗手的伙伴开小水，也提醒幼儿主动擦拭水渍。

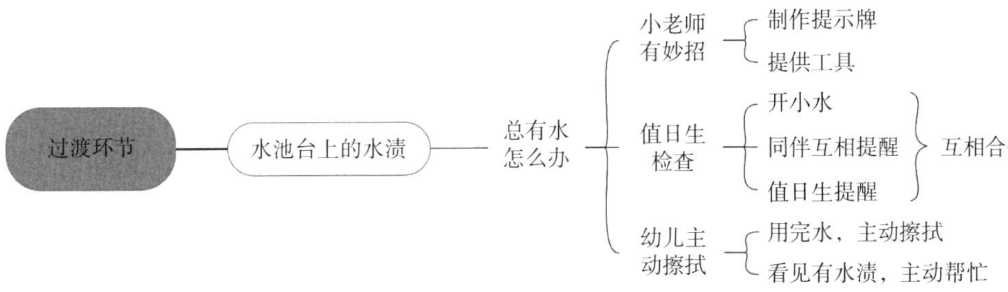

从上述小小的案例中，可以看出值日生工作内容的增加是因为问题的出现，于是大家一起来解决问题，因此，此处的劳动者有双重身份，既是参与者也是评价者，这也是班级社群劳动开展的特性。

2. 园所内的质量评价者

幼儿园内劳动课程的开展是部分班级的活动，他们发挥园所小主人的作用，发现园内需要解决的问题或者需要改进的事项，通过积极思考，提供解决方案并落实。在过程中，园所内其他班级、其他教师都是课程的评价者，既能推动课程的开展，又是课程的评价者，通过语言、行动进行参与式地评价。

园内每到月末的周六日都会让孩子们把被褥带回家，需要孩子们离园的时候把自己床上的被褥打包装到袋子中，然后把袋子从班级背到大门口，交给爸爸妈妈后一起回家。大班的小朋友做这件事情相对容易，但是中班的小朋友因为自理水平和能力有限，做起来困难重重。大班的小朋友就把打包被褥装袋子的方法、从楼上往楼下运的方式、从操场运到大门口可以借助的工具都进行了梳理，用图片、文字、视频的方式告知中班弟弟妹妹。

中班的一个小女孩说："我看的时候学会了，但是我做的时候，还是不会。"于是，老师把这个评价反馈给大班的孩子，大班的哥哥姐姐就利用午休起床后的时间到中班，给弟弟妹妹一一讲授方法和注意事项，帮助他们更快掌握要领。

从上述案例中，可以看到中班孩子并不是很能接受大班孩子总结出的打包被子的方法，并给予了"没有学会"的评价，于是大班的哥哥姐姐用一一教授的方法让弟弟妹妹学会打包被子。在服务对象不满意的时候，及时调整策略，改变劳动的方式方法，促进此项活动落地。可见，园内的社群劳动课程是双向的，评价者指向课程的结果，实施者指向课程的过程，在互动过程中彰显课程的深刻内涵。

3. 小区中的质量评价者

每一所幼儿园都在相应的社区中，园内的很多孩子来自固定的社区，多数情况下，园所内的孩子是某一两个固定社区的居民，正如瑞吉欧小镇一样，课程的覆盖面由园内延伸到社区，内涵是由园内延续到家庭中。

我园共有六所分园，每一所分园所处的社区是不一样的，例如东大街园是独立于小区外的单独园所，但是隶属于东大街社区；丰益园坐落于丰益花园之内，属于丰益花园社区；西局园的校舍本身就是西局社区内的场所，社区负责检查园所内的安全设施；顺八园的创建本身就是顺八小区建设时候必备的条件等。虽然每一所幼儿园所处的位置可能在小区中，也可能在小区外，但是都和小区之间有密切的联系。社群劳动课程有些情况下是需要在小区中进行的，那么小区中的人、事、物就是课程资源的一部分。当社区中的居民参与课程活动的时候，就会成为课程质量的评价者。

幼儿园旁边的小路上经常有很多狗便便，孩子们来幼儿园的时候会不小心踩到，让人不舒服。于是孩子们开始想着进行宣传倡议，让小区居民共同努力，减少狗便便。小朋友商量后，准备先去观察社区里哪些地方人最多，确认海报张贴的位置。在这个过程中，小朋友们发现，社区里有两个公示栏，里面专门张贴海报和公告，于是老师带领小朋友们到社区服务办公室，与社区的叔叔阿姨交流想法，帮忙将海报张贴在公示栏里。幼儿精心制作海报后，在公示栏和公园墙面上各贴一张，宣传海报小组的小朋友决定定期在社区宣传文明遛狗，提高大家的环保意识。

4. 社会中的质量评价者

社会是一个广义的概念，相对于社区来讲，范围不确定，教育是家庭、园所、社会三者合力的结果，因此社会也是课程评价的推动者。我园在开展社群劳动课程的过程中，对社会资源进行分类和梳理，包括银行、超市、饭店、地铁、医院、博物馆等可以转化成教育资源的场所，能让孩子在课程活动的过程中增加体验的广度和深度，实现全方位育人。

我园在活动区域中设置了“小超市”的游戏区，孩子们把幼儿园旁边的顺天府超市当作游戏的样板，和爸爸妈妈参观超市中物品的分类、定价、摆放，观察理货员、收银员、销售员的工作内容，有目的地与之互动，为小超市活动的顺利开展与推进作准备。与之类似的活动有很多，借助社会角色的分工，可以有目的地引导幼儿进行学习，从而丰富幼儿的经验和认识。

我园最经典的社群劳动课程是“二胎宝贝走进幼儿园”的活动，只要符合条件的小宝贝都可以报名来园所进行体验，虽然活动仅仅一个小时，但不仅让小宝贝提前了解了幼儿园的生活，还减轻了家中老人的负担。其中，一个两岁半左右的小女孩暖暖来到幼儿园，见到哥哥姐姐都是自己吃东西的时候，回家也告诉奶奶：“宝宝自己吃，不用喂。”奶奶第二次来的时候，一直夸赞哥哥姐姐的榜样示范作用特别大，能让妹妹自己吃食物。这对本次参与活动的幼儿来说也是一次具有积极意义的评价。

从上述 FTYY 课程评价模型，再到幼儿园孩子、教师、家长、社区四方面参与课程的质量评价可以看出，社群劳动课程的实施是一个综合过程，包含的内容很广泛，课程评价也会因此受到影响。比如，幼儿的发展水平和发展特点、开展的活动与幼儿水平的适配度以及活动本身的局限性等，都会对质量评价产生或多或少的影响，加之评价的角度、评价者的水平、活动的变化性和不确定性、与幼儿互动的人的教育意识等，都是质量评价中不确定的影响因素。

劳动课程是一项由来已久的教育内容，在新的时代被赋予新的意义和价值。社群劳动在幼儿园的研究之路很长，但是以活动开展的形式组织、以系列课程的形式展开却很短暂。我园在有限时间内的摸索实践肯定有颇多不足之处，总结和梳理的内容也需要再斟酌和提升，但是已有质量评价的初步雏形，在此基础上完善就成为课程深入展开的方向。

后　记

当这本书即将付梓之时，我的思绪不禁飘回到那些充满挑战与成长的劳动时光。

三年的社群劳动研究，不仅让孩子们体验到了劳动的快乐，也为教师在社群劳动课程的理论研究与实施中提供了宝贵的经验。我们始终坚持做到尊重幼儿在游戏化课程中的主体地位，允许幼儿选择、尝试、试错，包容他们的失败，等待他们的探究，并且能够在适当的时候给予他们支持和鼓励。教师时刻以幼儿的视角来观察、分析和理解，试着把幼儿的需求当成自己的需求，把幼儿的兴趣当成自己的兴趣，支持和推动幼儿用自己独有的方式去获得他们想要的答案。

在开展社群劳动的过程中，我们并非总是一帆风顺。有时候，结果可能不尽如人意，然而，正如书中所提到的，有得有失才是真实的课程。当面对不如意的结果时，我们学会了正确看待挫折，从中汲取教训。我们与孩子们一起反思问题出在哪里，共同探讨改进的方法。在这个过程中，孩子们明白了失败是成功之母的道理，培养了坚韧不拔的品质。

通过这次活动，我深刻认识到社群劳动课程对幼儿发展的重要性，也看到了孩子们的潜力和责任感，我更加坚定了在今后的教学中继续开展社群劳动课程的决心。

回顾这段历程，我们要感谢每一位参与活动的老师和孩子，是大家的共同努力让社群劳动得以顺利开展。也要感谢那些给予我们支持和帮助的社区工作人员，是他们为我们提供了资源和平台。

最后，希望这本书能为更多的教育工作者和家长提供一些启示，让我们共同努力，为孩子们未来的发展奠定坚实的基础。